Monsieur le Préfet de la Meurthe et Moselle

Nancy

DIFFÉREND

ENTRE

La Colombie et le Costa-Rica

ARBITRAGE

DE

SON EXCELLENCE M. LE PRÉSIDENT

DE LA RÉPUBLIQUE FRANÇAISE

Deuxième Mémoire

PRÉSENTÉ AU NOM DE LA

RÉPUBLIQUE DE COLOMBIE

PARIS

3 SEPTEMBRE 1800

DIFFÉREND

entre la Colombie et le Costa-Rica

DIFFÉREND

ENTRE

La Colombie et le Costa-Rica

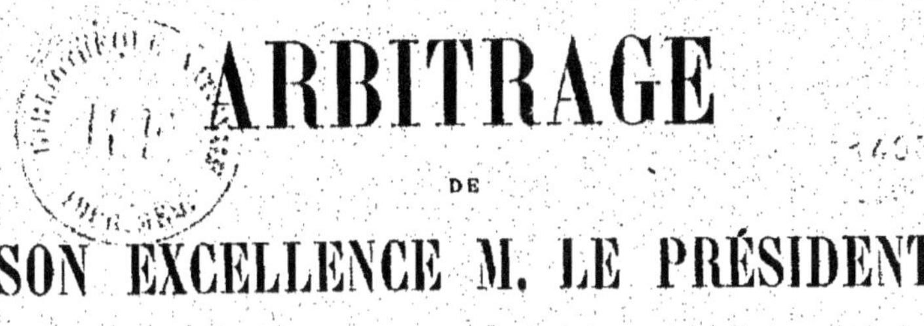

ARBITRAGE

DE

SON EXCELLENCE M. LE PRÉSIDENT

DE LA RÉPUBLIQUE FRANÇAISE

Deuxième Mémoire

PRÉSENTÉ AU NOM DE LA

RÉPUBLIQUE DE COLOMBIE

PARIS

8 SEPTEMBRE 1899

DIFFÉREND
entre la Colombie et le Costa-Rica

ARBITRAGE

DE

Son Excellence M. le Président de la République française

Deuxième Mémoire

PRÉSENTÉ AU NOM DE LA

RÉPUBLIQUE DE COLOMBIE

Dans le premier mémoire rédigé au nom de la Colombie par l'honorable don Francisco Silvela ont été établis les principes auxquels il y a lieu, suivant nous, de se référer pour trancher le différend actuel. Nous avons dit que les limites entre la Colombie et le Costa-Rica devaient être celles qui se trouvaient fixées, à l'époque de l'indépendance des nouveaux États, d'après les Lois des Indes et l'ensemble des actes royaux, entre la Vice-Royauté de Santa-Fé du nouveau Royaume de Grenade et la Capitainerie générale de Guatemala.

Cette règle de l'*Uti possidetis juris* ou *de jure* est également acceptée par le Costa-Rica. Il déclare, en effet, dans son mémoire (n° 251, p. 284) : « Costa-« Rica reconnaît qu'il convient d'adopter une règle « qui puisse décider des différends internationaux au

« sujet des délimitations de territoires et elle admet « l'*Uti possidetis juris* allégué par Colombia, comme « un principe d'équité qui s'adapte bien à la situation « des anciennes colonies espagnoles de l'Amérique, « séparées les unes des autres par d'immenses terri- « toires déserts, où il était inutile de rendre effective « aucune ligne de démarcation au moyen d'une occu- « pation ou d'une barrière matérielle. »

Ainsi, il n'y a pas à considérer l'occupation, la possession de fait, mais seulement le droit, le titre juridique. Aucun doute ne peut s'élever sur cette interprétation de la règle de l'*Uti possidetis de jure* après les déclarations formelles de Costa-Rica.

La partie adverse invoque, en effet, elle-même l'opinion de M. Carlos Martinez Silva, ancien Ministre des Affaires étrangères de la Colombie (p. 285, note 1) :

« En ce qui concerne les nations américaines, le point que nous élucidons est plus clair encore, car elles ont toutes reconnu dans leurs Constitutions, traités ou autres documents solennels, comme base pour la délimitation de leurs territoires, le principe de l'*Uti possidetis* de 1810, c'est-à-dire *la délimitation territoriale faite par l'ancien souverain, fondée sur des titres valides en vigueur au temps de l'émancipation.* »

Aussi Costa-Rica ajoute-t-il avec raison que les prétentions des parties doivent être définies « d'une manière absolument indépendante de la possession actuelle » (n. 259, p. 296); et il conclut expressément en ces termes (n. 259, p. 297) :

« Costa-Rica entend de la même manière que Co- « lombia que l'*Uti possidetis* dont il s'agit doit constituer « une **possession exempte des vices de violence,** « **mauvaise foi ou origine clandestine et qui**

« **procède d'un titre permanent ou non précaire** « (*Nec vi, nec clam, nec precario*).

« Costa-Rica entend, comme l'a dit également le « même gouvernement de Colombia dans un cas ana- « logue, que l'*Uti possidetis* se rapporte au droit terri- « torial **indépendamment de l'occupation et de la** « **possession,** puisque c'est le territoire qui, en « 1810-1821, appartenait à la Capitainerie générale de « Guatemala et à la Vice-Royauté de Santa-Fé, que « la sentence arbitrale doit adjuger à Costa-Rica et « à Colombia respectivement. »

Nous pouvons donc constater, d'ores et déjà, avec la partie adverse (n. 260), que « les Républiques de « Costa-Rica et de Colombia sont parfaitement d'ac- « cord quant aux principes juridiques qui doivent « régir le jugement arbitral ».

Ceci posé, il est inutile de rechercher si c'est à la date de 1810 ou à celle de 1821 qu'il faut appliquer la règle de l'*Uti possidetis de jure*.

C'est là une contestation qui n'a, dans le différend actuel, aucune portée pratique. Costa-Rica a dû lui-même en faire l'aveu (n. 251, p. 286) : « Pour Costa- « Rica, dit-il, une date vaut l'autre. » Et il ajoute ailleurs (n. 259, p. 296) que « l'Arbitre doit décider « en vertu des titres valides émanant du gouverne- « ment espagnol, en vigueur au temps de l'émanci- « pation (*Uti possidetis* de 1810-1821) ».

Quant à nous, si nous avons précédemment établi que c'était en 1810 que devait être apprécié le *jus possidendi*, c'est par respect pour la vérité juridique et non par intérêt au procès. Dans le traité du 15 mars 1825, c'est l'année même de 1810 qui a été considérée par l'Amérique Centrale comme la date à laquelle il y avait lieu de fixer les droits respectifs des États. Costa-Rica a accepté, aussi, plusieurs fois, cette même date de 1810, notamment dans le protocole du traité du 25 décembre 1880, qui est l'une des bases de l'arbitrage actuel. Le Ministre des Affaires étrangères de Costa-Rica, M. José Maria Castro, déclare, en effet, que « le Gouvernement de Costa-Rica a toujours entendu et entend aujourd'hui que les articles 5 et 7 du traité du 15 mars 1825, entre la Colombie et le Centre-Amérique, n'eurent jamais d'autre but que de garantir aux deux nations leurs limites respectives, telles qu'elles se trouvaient au commencement de la guerre de l'Indépendance, ou, ce qui est la même chose, *conformes à l'***Uti possidetis** *de 1810.* »

Voilà donc établie d'un commun accord la règle qui doit être maintenue dans ce litige.

Après avoir constaté que, sur la position des questions soumises au Tribunal arbitral, il n'y a aucun dissentiment entre les parties, Costa-Rica résume son système dans les termes suivants (n. 260, p. 298) :

« La seule divergence qui existe entre Costa-Rica
« et Colombia, une fois la question posée comme
« Colombia le veut, est d'un ordre purement matériel.
« Colombia fixe une ligne de démarcation formulée
« pour la première fois en 1855, et Costa-Rica en
« indique une autre distincte dont l'origine remonte à
« 1537. »

La Colombie s'inscrit en faux contre cette affirmation.

Il n'est pas vrai que la ligne de démarcation, réclamée par elle, date de 1855. C'est, au contraire, la ligne primitivement fixée par le Pouvoir royal et maintenue, depuis lors, dans une série d'actes émanés du souverain espagnol.

Il n'est pas vrai davantage que l'origine de la délimitation demandée par Costa-Rica remonte à 1537. C'est, au contraire, le droit de la Colombie qui a été consacré à cette époque par un acte solennel du Monarque d'Espagne, l'Empereur Charles-Quint.

Avant de faire cette démonstration, dont la Colombie a déjà indiqué les points essentiels dans son premier mémoire, et avant de répondre aux prétendues objections de la partie adverse, il faut remarquer que la divergence qui existe entre la Colombie et le Costa-Rica n'est pas seulement, comme Costa-Rica l'allègue dans le passage ci-dessus rappelé, « d'ordre purement matériel ». Il y a également, entre les deux parties, une contradiction d'ordre juridique. Quels sont les titres valides, permanents et non précaires, en vigueur au moment de l'émancipation, que doit consulter l'Arbitre pour rendre sa sentence? La Colombie estime que ce sont les actes ou décisions du Roi d'Espagne. A ces actes ou décisions, Costa-Rica veut assimiler les contrats ou capitulations. Il convient, tout d'abord, de dissiper cette équivoque.

L'honorable M. Silvela a démontré, au nom de la Colombie, que les capitulations n'étaient que de simples contrats passés entre des particuliers et l'autorité administrative en vue de la conquête et du peuplement des territoires coloniaux.

« La Colombie ne prétend pas, disait M. Silvela (p. 4), elle n'a jamais prétendu, et il est inadmissible en droit, qu'une capitulation puisse servir à fixer les frontières de juridictions, moins encore à modifier, après qu'elles ont été solennellement fixées, les limites entre deux entités juridiques coloniales. Là est l'erreur fondamentale de Costa-Rica, lorsqu'il interprète la capitulation, passée le 1er décembre 1573, avec Diego de Artieda.

« Ces capitulations étaient, comme les concessions actuelles de travaux ou de services publics, de simples contrats ayant un caractère administratif pour favoriser la conquête ou la colonisation, et on les octroyait de même qu'on octroie aujourd'hui des contrats de nature analogue, c'est-à-dire en réservant implicitement ou explicitement (comme cela eut lieu dans la capitulation avec Artieda), tout droit antérieur et le préjudice des tiers. Les démarcations juridictionnelles, les déterminations de territoires soumis à des Vice-Rois, des Gouverneurs ou des Audiences, ne se firent jamais au moyen de capitulations ou contrats entre l'État et les particuliers, mais bien par des cédules royales, ordres royaux, actes du Pouvoir public et de la Souveraineté de caractère unilatéral, ainsi que l'est l'exercice de l'empire sur le territoire de la nation. C'est un principe de droit public, inhérent à l'essence même de la Souveraineté de l'État, que la division territoriale soit matière soumise directement aux décisions du Souverain. »

Au surplus, toutes les capitulations comportent deux parties distinctes, dont le rapprochement montre bien le caractère contractuel de ces actes. La première partie est l'exposé des offres faites et des obligations acceptées par le demandeur en concession; la seconde est le dispositif par lequel l'autorité compétente accorde au particulier certains avantages, à la condition qu'il remplisse les engagements contractés. C'est ainsi que nous verrons que, dans la capitulation d'Artieda, le dispositif commence au chapitre XII.

Le Costa-Rica n'a pu échapper, du reste, à la force de la vérité et il a été obligé de reconnaître, en plusieurs endroits de son mémoire, l'identité de ces deux expressions, *contrats* et *capitulations*. Il dit, par exemple (p. 5, en note) : « Les contrat ou capitulation passé entre le Roi Catholique et Diego de Nicuesa »; et ailleurs (p. 125, n. 112) : « Les capitulations ou pactes entre le Roi et les particuliers. »

Les deux mots de contrat et de capitulation se trouvent, au demeurant, employés à la fois dans les capitulations elles-mêmes. Ils voisinent notamment à chaque ligne dans les capitulations du 1er décembre 1573 et du 29 décembre 1593 (Voir exposé de Costa-Rica, appendice, pp. 327, 328, 340, 341, 355).

Cependant, le Costa-Rica a la prétention de confondre les capitulations et les cédules royales (n. 112, p. 123).

Il nous sera permis de remarquer qu'il y a là un sophisme. Nous avons déjà indiqué (Exposé Silvela, p. 45) que ni les lois des Indes, ni les autres lois du Royaume, n'avaient établi de différences juridiquement appréciables, entre les diverses formes d'édicter les résolutions du Pouvoir royal : Pragmatiques, Cédules royales, Provisions, Ordres royaux. C'est déjà ce que la Colombie avait soutenu, à bon droit, dans l'Exposé présenté au Roi d'Espagne, Arbitre de son ancien différend avec la République de Venezuela. Les appréciations formulées alors par M. Anibal Galindo et recueillies par le Costa-Rica (p. 120), qui, d'ailleurs, essaye vainement de les interpréter en sa faveur, n'ont pas été faites pour les besoins de la cause actuelle et elles ne peuvent sembler suspectes.

Mais de quelque nom que s'appellent les actes royaux, une décision souveraine, unilatérale, du Pouvoir exécutif, ne peut être confondue avec une convention synallagmatique.

Lorsque le Souverain fixe des circonscriptions administratives ou judiciaires, il procède par voie de décision ferme et absolue; il ne signe pas un contrat conditionnel et révocable. Pour apercevoir la différence essentielle qui sépare ces deux catégories de documents, il suffit de comparer le texte de la Cédule royale du 2 mars 1537 et celui de la capitulation du 1er décembre 1573. Dans la première nous trouvons des formules impératives comme celles-ci : « Nous déclarons et ordonnons... Et c'est notre bon plaisir et notre volonté... Nous ordonnons que cela soit gardé et observé en tout et pour tout, comme il est indiqué et déclaré dans cette charte, nonobstant toutes nos chartes et provisions contraires, que nous abrogeons, cassons et annulons, et tenons pour nulles et sans aucune valeur quant à ceci, etc. »

Dans la seconde, au contraire, nous voyons le Souverain s'adressant au postulant : « Attendu que vous, le capitaine Diego de Artieda, animé du zèle que vous avez, etc. » Suit l'énumération des engagements pris : « Premièrement, vous le capitaine Diego de Artieda faites l'offre d'aller peupler et pacifier... Item, vous faites l'offre... Item, vous promettez... et afin que le peuplement et la pacification puissent se faire et se fassent de meilleure volonté et avec plus de courage et de facilité par vous et les gens qui iraient avec vous, et que vous puissiez vous maintenir dans ce pays, nous vous promettons de vous octroyer et nous vous octroyons les grâces suivantes... Partant, si vous, le capitaine Articda, exécutez tout ce qui est convenu dans cette convention de la manière que vous le promettez, etc. Et, si vous ne faisiez pas ce que vous avez offert, comme il a été dit, nous ne serons pas obligé de vous faire donner quoi que ce soit de ce qui est mentionné ci-dessus; et nous vous ferons plutôt punir, etc. » La capitulation est donc un véritable contrat *do ut facias*, et, alors même qu'elle est signée par le Roi directement, elle ne perd pas ce caractère. Voilà ce qu'il était indispensable de rappeler avant d'entamer la discussion des moyens invoqués par la partie adverse.

A la lumière des observations générales que nous venons de présenter, cette discussion sera très simplifiée.

Résumons, d'abord, pour bien préciser le débat, les deux thèses opposées de la Colombie et du Costa-Rica.

La Colombie soutient qu'en vertu de la règle *uti possidetis de jure,* elle a droit à toute l'ancienne province de Veragua, c'est-à-dire, non seulement à l'ancien Duché de Veragua, qui dépasse à l'ouest l'extrémité de la Baie de l'Amiral, mais à une bande de terrain s'étendant, le long de la côte, jusqu'au Cap de Gracias-à-Dios.

Voici comment la Colombie présente la démonstration de son droit.

La côte de l'Atlantique appelée Veragua a été découverte par Colomb en septembre et octobre 1502, pendant le cours de son quatrième et dernier voyage au nouveau monde.

En 1508, Diego de Nicuesa fut nommé gouverneur de Veragua. Costa-Rica reconnait (n. 6, p. 5) que les limites et la juridiction de ce gouvernement s'étendaient, d'après Las Casas, Herrera et Navarrete, du golfe de Urabá au Cap de Gracias-á-Dios. Toutefois, la capitulation de 1508 n'avait pas indiqué les limites au Nord.

Sur ces entrefaites, Don Diego Colon, fils et héritier du grand navigateur, intenta contre le Roi d'Espagne, un procès qui dura vingt-huit ans. Il prétendait que sa famille était dépouillée des prérogatives auxquelles les découvertes paternelles lui donnaient droit, et il réclamait tout ou partie des terres de Veragua.

Au cours de ce procès, fut édictée, le 27 juillet 1513, une cédule royale nommant Pedrarias Dávila capitaine général et gouverneur de Castilla del Oro, appelée jusque-là *Tierra-firme*, et située dans la partie que, géographiquement, on appelle aujourd'hui l'isthme de Panamá.

En fixant la juridiction de cette capitainerie nouvelle, le Roi Catholique dit que « l'on n'entende ni comprenne en elle la Province de Veragua dont le gouvernement appartient à l'Amiral D. Diego Colon, en raison de ce que l'Amiral son père l'avait découverte en personne ».

Cette réserve était faite dans l'intérêt des Colon, avant même la fin du procès qu'ils avaient engagé, mais le territoire qui leur était alloué n'était pas encore déterminé. Ce qui est certain, c'est que, jusque-là, l'expression de Veragua avait embrassé « la terre découverte au Nord-Ouest du golfe de Urabá », c'est-à-dire toute la côte jusqu'au cap Caxinas, au delà du Cap de Gracias-á-Dios. (*Exposé de Costa-Rica*, p. 10, nº 14.)

Après avoir fait, à cet endroit, l'aveu le plus formel, Costa-Rica essaye de se rétracter en ajoutant qu'en 1513 Veragua ne comprenait plus que la terre découverte personnellement par Colomb (p. 10, n° 14). Or cette terre s'étendait depuis le cap Caxinas ou Honduras jusqu'au port de Retrete, dans l'isthme de Panamá; et, alors même qu'en 1513 Veragua aurait été réduit à la portion de territoire explorée par Colomb, il ne s'en serait pas moins étendu jusqu'au Cap de Gracias-á-Dios, puisque c'est Colomb qui a fait, d'après les déclarations mêmes de Costa-Rica, « la reconnaissance de la côte des Mosquitos », en partant le 14 septembre 1502 du Cap de Gracias-á-Dios. (*Exposé de Costa-Rica*, p. 2.)

Les documents postérieurs à 1513 prouvent bien d'ailleurs qu'il n'est pas exact que l'expression Veragua ait été, à cette date, arbitrairement rétrécie.

Comme le rappelle, en effet, Costa-Rica (n° 31), la Vice-Reine des Indes Doña Maria de Toledo, veuve de l'amiral Don Diego Colon, continuait le procès entamé contre le Roi par son mari en 1508, lorsqu'elle résolut de confier le gouvernement de Veragua à un courtisan de Madrid appelé Felipe Gutiérrez.

« La Vice-Reine, dit Costa-Rica, demanda au Con-
« seil des Indes de délivrer des *reales provisiones* en
« faveur de Gutiérrez; mais, vu l'état indécis de la
« question, le Conseil préféra émettre la *Real Cédula*
« du 24 décembre 1534, en réservant d'une manière
« expresse les droits de D. Luis Colon, et le Roi, par
« capitulation du même jour, conféra en son propre
« nom le gouvernement de Veragua au même Gu-
« tiérrez. »

La nomination de Gutiérrez, provoquée ou non

par la Vice-Reine, n'a pas fait l'objet d'une cédule royale, comme le prétend ailleurs Costa-Rica, mais d'une capitulation, et, quoique cet acte soit entièrement favorable aux revendications de la Colombie, nous ne voulons pas en exagérer la portée juridique. Il ne constitue pas une décision souveraine portant division territoriale. C'est un contrat passé avec un particulier et accompagné d'un titre ou brevet délivré en faveur de Felipe Gutièrrez. Mais ce qu'il faut retenir de ce document et des deux actes royaux concomitants, signés au profit de la Vice-Reine et de son fils mineur, l'amiral D. Luis Colon, c'est, d'une part, qu'il est stipulé que cette capitulation ne doit porter aucun préjudice aux droits éventuels dudit Amiral, et, d'autre part, que le gouvernement de Veragua concédé à Felipe Gutiérrez doit s'étendre, en dehors de cette portion réservée des confins de Terre-Ferme ou Castille d'Or, jusqu'au Cap de Gracias-á-Dios. (*Exposé de Costa-Rica*, p. 26, nº 33.)

Il est donc bien certain qu'à cette date de 1534, l'expression Veragua continuait à s'appliquer à toute la côte de l'Atlantique, au moins jusqu'au Cap de Gracias-á-Dios, et que le Pouvoir royal, en réservant les droits de la famille Colon sur une partie de cette province, concédée par capitulation à Felipe Gutiérrez, considérait que ce contrat n'avait point le caractère d'un titre permanent et que, dans tous les cas, il était libre, dès maintenant, de disposer du surplus à sa guise.

Costa-Rica prétend, il est vrai, d'autre part, que, sur le versant Sud, le gouvernement de Nicaragua s'étendait alors jusqu'à l'Est de la pointe Burica, qu'il comprenait le golfe de Osa ou Golfo Dulce, et par conséquent Veragua, du côté du Pacifique, ne pouvait atteindre même le 83° de longitude à l'Ouest de Greenwich.

Costa-Rica appuie cette thèse sur la Cédule royale royale du 21 avril 1529, qui déclare que « la ville de Bruselas et sa juridiction *entrent* dans le gouvernement de Nicaragua ». Mais il faut s'en tenir au texte même de cette résolution royale et aux circonstances qui l'ont provoquée. Il s'agit ici d'une sentence que le Souverain espagnol a rendue pour trancher une dispute de juridiction soulevée entre Pedro de Los Rios, gouverneur de Panamá, et Pedrarias Dávila, gouverneur de Nicaragua, au sujet de la ville de Bruselas. Cette ville avait été fondée à l'époque où Pedrarias Dávila était gouverneur de Panamá, et elle appartenait à sa juridiction; mais, quand Pedrarias Dávila devint gouverneur de Nicaragua, il chercha, par de puissantes influences à la Cour d'Espagne, à obtenir le domaine de Bruselas. Il y réussit, comme on l'a vu par la sentence du Roi; et il fut décidé que Bruselas et sa juridiction entraient dans le gouvernement de Nicaragua. Ce mot *entrent* indique clairement qu'auparavant Bruselas et son territoire ne faisaient pas partie de la province de Nicaragua. Pour les y faire entrer, une décision du Roi fut nécessaire. Par voie de conséquence, le territoire qui se trouvait en dehors des limites de Bruselas, restait compris dans la juridiction de Terre-Ferme ou de Panamá.

Les limites de Bruselas, suivant les rapports du même Pedrarias Dávila (voir *Costa-Rica, Nicaragua y Panamá*, p. XI-XIII), s'étendaient à trente-cinq lieues au S.-E. d'Orotina, jusqu'au pays des Cuchiras. Sur la *Carte historico-géographique* de M. Peralta, la ville de Bruselas est située vers le fond et au bord du golfe de San-Lucar ou de Nicoya. De quelque manière que l'on mesure les trente-cinq lieues dont nous venons de parler, on ne pourra dépasser le Rio Boruca.

D'ailleurs, si Bruselas put être à la fois revendiquée par les gouvernements de Panamá et de Nicaragua, c'est qu'elle se trouvait dans la région frontière de ces deux gouvernements. On ne saurait donc, sans défi à la vraisemblance, prétendre que la juridiction de cette ville s'étendait jusqu'au Rio Chiriqui.

Nous pouvons, au surplus, citer des documents qui déterminent exactement la position des Cuchiras, c'est-à-dire du point jusqu'où s'étendait le domaine de Bruselas. Ce sont l'itinéraire et les comptes du capitaine Gil Gonzalez Dávila, dressés par Andres de Cerezeda. Gil Gonzalez Dávila parcourut, par ordre du Roi, et sous la dépendance du gouverneur de Panamá, toutes les côtes méridionales du Pacifique, depuis les îles des Perles, d'où il partit le 21 janvier 1522 jusqu'au delà du golfe de San-Lucar ou de Nicoya. Ce voyage se fit à pied, par terre, afin de recouvrer les tributs de tous les groupements d'Indiens qui se trouvaient sur les côtes. Il fut ainsi perçu, en or, une somme sensiblement égale à 300 000 francs. Il résulte de cet itinéraire, dont la valeur probante a été reconnue par Costa-Rica, que les Cuchiras se trouvaient à quatre-vingt-huit lieues du Rio Chiriqui. Costa-Rica prétend néanmoins confondre en un seul ces deux points séparés par une distance considérable. Si l'on mesure ces quatre-vingt-huit lieues qui séparent Chiriqui des Cuchiras, on constate sans peine que cette dernière région se trouve située bien au delà de la rive droite du Rio Boruca.

Et pourtant nous sommes en mesure d'affirmer que la frontière entre le Veragua et le Nicaragua était le fleuve Boruca ou de Térraba. Nous verrons plus loin qu'il n'y a aucun doute à cet égard et que cette ligne frontière est établie par nombre d'actes royaux.

Laissons, par conséquent, la provision royale du 21 avril 1529 qui, loin de nous être opposable, constitue une preuve décisive en faveur de la Colombie et revenons à la situation créée par le contrat passé entre le Roi et Felipe Guttiérrez, le 24 décembre 1534.

Deux ans après cette capitulation, le procès des Colon avec le Roi se terminait par un arbitrage (7 juillet 1536). En exécution de cette sentence arbitrale, un carré de vingt-cinq lieues de côté, dans la Province de Veragua, fut concédé à Don Luis Colon et le titre de Duc lui fut conféré, ainsi qu'à ses héritiers et successeurs en sa maison. Ces mesures exceptionnelles furent l'objet d'une Cédule royale, datée du 19 janvier 1537.

Une autre Cédule extrêmement importante ne tarda pas à intervenir.

Felipe Gutiérrez n'ayant pas exécuté la capitulation dont il était bénéficiaire, le Roi ordonna que toute la terre de Veragua, hormis les vingt-cinq lieues du Duché nouvellement créé, fût désormais soumise au gouvernement de Terre-Ferme, c'est-à-dire à la juridiction de Panamá. Tel est le but de la Cédule royale du 2 mars 1537.

Dans cette Cédule il est expressément établi que le Gouvernement de Veragua s'étendait depuis les limites de la Castille d'Or jusqu'au Cap de Gracias-à-Dios, et il est ordonné que toutes les terres qui restent dans cette Province de Veragua, en dehors des vingt-cinq lieues en carré du Duché, appartiennent au Gouvernement de Terre-Ferme.

La Colombie est incontestablement l'ayant droit du Gouvernement de Terre-Ferme, de l'Audience de Panamá et de la Vice-Royauté de Santa-Fé. Costa-Rica le proclame lui-même en termes explicites (*Introduction*, p. III). On se demande dès lors comment il ose prétendre que l'origine de ses titres remonte à 1537 (p. 298). Cette affirmation est tellement contraire à l'évidence que Costa-Rica n'a pu s'empêcher de se démentir. Il a été forcé de reconnaître que la Province de Veragua s'étendait, en 1537, jusqu'au Cap de Gracias-à-Dios (p. 32, n° 41) et qu'elle était placée sous l'autorité du Gouvernement de Terre-Ferme (p. 33, n° 42).

Après cette contradiction singulière et cet aveu formel, la cause est entendue. Car il n'est pas vrai, comme l'avance le Costa-Rica, sans le prouver, que, postérieurement à 1537, la province ait, par la volonté des Rois d'Espagne, perdu le nom de Veragua et qu'elle ait été à jamais séparée de Terre-Ferme.

L'Audience de Panamá, composée de trois Auditeurs qui devaient résider dans la métropole de Terre-Ferme, fut instituée par une Cédule royale du 26 février 1538 et il n'est pas nié qu'elle ait englobé, au moment où elle a été fondée, non seulement le Duché, mais toute la Province de Veragua. Sa juridiction s'étendait même, à ce moment, jusqu'aux confins de Honduras et de Guaymura (*Costa-Rica*, p. 34 et s.).

L'année suivante (5 septembre 1539) est signée à Madrid une nouvelle Provision royale qui a pour objet le bornage définitif du Duché de Veragua. Nous verrons plus loin que cette Provision, qui confirme la

Cédule royale du 19 janvier 1537 et celle du 2 mars de la même année, prouve clairement que le Duché dépassait, à l'Ouest, la Baie de Çarabaro ou de l'Amiral. Mais en outre, — et c'est ce que nous voulons retenir dès maintenant, — elle montre qu'en dehors du Duché, la Province de Veragua conservait le nom sous lequel elle était désignée depuis le voyage de Colomb : « Qu'ils placent aux limites que l'on déterminerait ainsi leurs bornes, pour que ce soit bien « clair et que cela résolve en toute lumière la question de savoir quelles sont les vingt-cinq lieues en « carré que l'on a données audit Amiral et ce qui « reste pour Nous en ladite Province de Veragua. »

Aussi bien, Costa-Rica avance-t-il qu'en 1539 et 1540, la partie de la Province de Veragua qui n'est pas absorbée par le Duché et qu'il s'appelle, d'une dénomination un peu conventionnelle, la Veragua royale, s'étend, sur les côtes de la Mer du Nord, jusqu'à Guaymura et Honduras (p. 41, n° 49).

Nous arrivons à un document dont Costa-Rica a vainement cherché à se prévaloir contre la Colombie, la capitulation signée à Madrid, le 29 novembre 1540, au profit de Diego Gutiérrez, fils du trésorier royal Alonso Gutiérrez et frère de Felipe Gutiérrez, bénéficiaire momentané de la capitulation de 1534.

Le Roi donne à Diego Gutiérrez « la permission et « faculté de conquérir et peupler pour lui et en son « nom et en celui de la Couronne royale de Castille la « terre qui lui reste dans ladite Province de Veragua, « d'une mer à l'autre inclusivement, laquelle doit commencer là où finit le carré de vingt-cinq lieues de « côté dont il a fait don à l'Amiral Don Luis Colon, « vers le couchant. » Le texte ajoute : « De sorte que là

« où finit le carré de vingt-cinq lieues nommé comme
« il est dit, doit commencer votre conquête et colonisa-
« tion et finir au Rio Grande, vers le couchant, de
« l'autre côté du Cap Camaron. De sorte que la rive
« dudit fleuve, du côté de Honduras, reste sous le
« gouvernement de ladite Province de Honduras...
« Mais votre juridiction s'arrête à quinze lieues du Lac
« de Nicaragua, parce que ces quinze lieues et ledit
« lac doivent appartenir et appartiennent au gouverne-
« ment de Nicaragua. »

Ce document est reproduit par la partie adverse sous un intitulé doublement inexact (doc. B, p. 308 et suiv.). Costa-Rica classe, en effet, cette capitulation sous cette rubrique: Création de la Province de Cartago ou Costa-Rica. Real Cedula.

Or cette capitulation n'est pas une Cédule royale. Elle ne porte même pas la signature personnelle du Roi. Elle ne comporte pas, non plus, la création d'une province nouvelle. Elle nomme simplement le gouverneur d'une province préexistante. Elle contient le titre ou brevet délivré à Diego Gutièrrez et elle s'adresse à lui sous la forme ordinaire : « Attendu, Diego Gutièrrez, que de votre part il nous a été exposé, etc. »

Il n'y a rien dans la capitulation qui permette de croire à la fondation d'une province de Cartago. Mais, en tout cas, ce titre remis à un fonctionnaire n'est pas de nature à modifier les divisions territoriales précédemment tracées par Cédules royales. Il laisse particulièrement intacte l'organisation de l'Audience de Panamá, telle qu'elle résulte de la Cédule royale du 26 février 1538.

Ni en 1539, ni en 1540, l'Audience de Guatemala n'existait encore ; l'Audience de Panamá s'étendait depuis le détroit de Magellan jusqu'au golfe de Fonseca, et elle comprenait non seulement le Duché de Zorobaro et Veragua, mais Nicaragua. (*Exposé de Costa-Rica*, p. 33, n. 43.)

Après comme avant la capitulation de 1540, l'Audience de Panamá conserve naturellement son autorité sur cette vaste étendue de territoire, et Diego Gutiérrez fut soumis à sa souveraineté.

Nos observations à ce sujet sont corroborées par l'attestation suivante, que nous a délivrée Don Pedro Torres Lanzas, chef des Archives générales des Indes à Séville :

« Je certifie qu'au folio 250 du livre intitulé : « *Asientos y capitulaciones desde el 23 de marzo de* « *1508 hasta el 7 de noviembre de 1574* (contrats et « capitulations depuis le 23 mars 1508 jusqu'au 7 no- « vembre 1574), tome I, qui était tenu par le Conseil « des Indes et existe dans ces archives qui sont à ma « charge, en l'armoire 139, boîte I, dossier I, intitulé « *Registros-Asientos y Capitulaciones para descubri-* « *miento y poblaciones* (Registre-Contrats et capitula- « tions pour découvertes et peuplements) se trouve « insérée une capitulation en marge de laquelle on lit : « *Capitulacion que se tomó con D^o Gutt^{ez} sobre la* « *conquista de Veragua.* » (Capitulation que l'on passa « avec Diego Gutiérrez pour la conquête de Veragua.) « Je certifie, en outre, que dans l'index du livre men- « tionné on lit : 1540 — *Capitulacion que se tomó con* « *Diego Gutiérrez sobre la conquista y poblacion de la* « *provincia de Veragua*, f° 250. (Capitulation que l'on « passa avec Diego Gutiérrez pour la conquête et le « peuplement de la province de Veragua.) Et pour

« qu'il en soit constant, je délivre le présent certificat « à la demande de S. E. Don Julio Betancourt, « Ministre Plénipotentiaire de la République de Co- « lombie en Espagne.

« Séville, le 17 avril 1899.

« Pedro Torres Lanzas. »

Ce certificat établit péremptoirement que la capitulation de Diego Gutiérrez concernait la Province de Veragua et que Costa-Rica l'a présentée sous un intitulé inexact et interprétée d'après son désir, sans tenir compte du texte des documents.

Nous devons, en outre, remarquer au passage qu'il résulte également de cette attestation que les contrats et capitulations ont été conservés dans une collection spéciale, distincte des Cédules royales, et qu'il ne faut donc pas les confondre avec elles. Cette classification confirme la différence essentielle que nous avons déjà démontrée.

L'interprétation que nous donnons de la capitulation de 1540 est corroborée par d'autres pièces, notamment par une relation de 1592, où sont rappelés les traitements des gouverneurs de Veragua depuis 1535.

Cette relation a été faite à l'occasion d'une demande d'augmentation de traitement, formée par le gouverneur Iñigo de Arança, qui jugeait, disait-il, nécessaire de pacifier et de peupler la vallée du Guaymi.

Cette relation prouve clairement que Diego Gutiérrez a été gouverneur de Veragua et non d'une autre province, comme le prétend le représentant de Costa-Rica.

Il est donc établi que la capitulation de 1540 n'a pas fait, comme le soutient l'adversaire, une répartition de la Province de Veragua. Elle l'a laissée tout entière, en dehors du Duché, sous l'autorité d'un même gouverneur; et, dans la mesure où les capitulations peuvent faire foi, l'acte de 1540 est une preuve en faveur de la Colombie.

Cette capitulation portait, d'ailleurs, comme on se le rappelle, la mention suivante : « Votre juridiction « s'arrête à quinze lieues du lac de Nicaragua, parce « que ces quinze lieues et ledit lac doivent appartenir « et appartiennent au gouvernement de Nicaragua. »

Les limites des gouvernements de Veragua et de Nicaragua étaient donc indiquées avec précision. Le domaine de ce dernier gouvernement ne s'étendait pas, vers l'est, au delà de quinze lieues à compter du lac de Nicaragua et à partir du point où commence le Desaguadero (canal d'écoulement du lac). Ces lieues doivent être calculées à raison de 17 1/2 au degré, ce qui est la mesure de l'ancienne lieue espagnole. On arrive ainsi au confluent du Rio Sarapiqui et du fleuve San-Juan.

Cette limitation fut consacrée par une provision royale, datée de Talavera, le 6 mai 1541, provision qui fixe souverainement la frontière du gouvernement de Nicaragua à cette distance de quinze lieues du lac. (Voir *Peralta*, *Costa-Rica*, *Nicaragua y Panamá*, p. 113.)

Or, d'après M. Peralta, si dans la loi VI, Titre XV, Livre II de la *Recopilación de las Leyes de Indias*, qui constitua l'Audience de Guatemala, le nom de Nicaragua figure seul, c'est que le territoire appelé Costa-Rica se trouvait compris dans cette province. Donc Costa-Rica, compris dans le Nicaragua, ne pouvait, aux termes de la provision royale de 1541, s'étendre au delà de la quinzième lieue à l'est du lac. Nous mettons l'adversaire au défi de répondre à ce syllogisme.

Au demeurant, en 1541, les deux gouvernements de Nicaragua et de Veragua dépendaient l'un et l'autre, comme nous l'avons dit, de l'Audience de Panamá.

La preuve en est qu'un an après la nomination de Diego Gutiérrez en 1541, des contestations s'étant élevées, au sujet de leurs attributions respectives, entre lui et le gouverneur de Nicaragua, le différend fut soumis à l'Audience même de Panamá, dont relevaient alors les deux gouvernements. Il est donc puéril de remarquer, comme l'a fait Costa-Rica (p. 48) « que ni l'Audience de Panamá, ni le duc de Veragua, n'avaient protesté contre ce que la Couronne avait accordé en faveur de Gutiérrez ». Le duc de Veragua n'avait pas à protester, puisque ses droits avaient été réservés. L'Audience de Panamá n'avait pas à protester davantage, puisque les droits de Gutiérrez étaient subordonnés aux siens et qu'un gouverneur était simplement nommé dans une des provinces soumises à son autorité supérieure. Une Cédule royale adressée à un auditeur de Panamá, le docteur Robles, en 1540, avait, d'ailleurs, démontré aux audiences que la Couronne se réservait d'envoyer, dans les provinces sujettes à leur juridiction, des gouverneurs de son choix.

Costa-Rica glisse avec rapidité, dans son mémoire, sur la période qui s'étend entre 1540 et 1555; et cependant ce serait, d'après lui, dans ce laps de temps que se seraient produits les événements les plus décisifs.

Par Lois du 20 novembre 1542 et Cédule royale du 13 septembre 1543, une Audience nouvelle, dite des

Confins de Guatemala et de Nicaragua, ayant été créée, cette Audience aurait, d'abord, embrassé dans sa juridiction, non seulement Guatemala, Honduras, Nicaragua, mais ce que Costa-Rica appelle la Veragua royale et Panamá. Puis, en 1550, le gouvernement de Tierra firme, y compris le Duché de Veragua, aurait été séparé de l'Audience des Confins et réuni à l'Audience et Vice-Royauté du Pérou; mais la Veragua royale, depuis la création de l'Audience de Guatemala, lui serait à jamais restée unie et aurait partagé toutes ses vicissitudes. (*Costa-Rica*, pages 49 et 50, n°s 56 et 57.)

Cette thèse est dénuée de toute vérité. Loin d'être restée unie à l'Audience de Guatemala et d'en avoir partagé toutes les vicissitudes, la Province de Veragua est, tout aussi bien que le Duché du même nom, demeurée incorporée à l'Audience de Panamá.

Lorsque cette Audience a été momentanément réunie à celle des Confins, Veragua a, sans doute, suivi le même sort. Mais, lorsque l'Audience de Panamá a repris son existence et son autonomie, elle a entraîné avec elle tous les territoires aujourd'hui litigieux.

Nous avons, en effet, rappelé dans notre premier exposé les dates successives auxquelles furent créées les Audiences espagnoles : celle de Panamá, en 1538, celle de Lima, en 1542, celle de Guatemala, en 1543, celle de Guadalajara, en 1548, celle de Santa-Fé-de-Bogotá, dans le nouveau royaume de Grenade, en 1549, etc.

L'Audience de Panamá, quoique la plus ancienne, fut rattachée à celle des Confins de Guatemala et de Nicaragua; puis en 1550, elle en fut séparée pour être annexée à celle du Pérou. Treize ans plus tard, en 1563, l'Audience de Guatemala fut reliée à celle de Panamá; et finalement en 1568, ces Audiences formèrent deux entités territoriales voisines et distinctes, toute la Province de Veragua demeurant, après comme avant cette série de démarcations provisoires, indissolublement unie à l'Audience de Panamá. C'est ce que nous établirons, dans un instant, par l'examen des Cédules royales de 1563 et de 1568, qui ont fixé définitivement la limitation des deux grandes Audiences de Panamá et de Guatemala.

Mais il faut noter, d'abord, quelques faits antérieurs qui éclaireront le sens de ces documents.

En 1545, Diego Gutiérrez, gouverneur de Veragua, cédant à l'ambition d'élargir le domaine qui lui avait été confié, avait demandé qu'on le chargeât, en outre, du gouvernement de Nicaragua.

Cette sollicitation fut repoussée par une Cédule royale, datée de Valladolid, le 9 mai 1545, laquelle s'exprimait ainsi :

« Quant à la supplique que vous adressez, pour « que l'on vous concède le gouvernement de Nicara- « gua, vu que la chose est très opportune, et afin que « cette terre soit colonisée et que vous la régissiez, « vous contentant des seuls appointements par vous « reçus comme gouverneur de Veragua; il a été pourvu « à la création d'une Audience royale sur les confins « des provinces de Nicaragua et de Guatemala, comme « vous l'aurez appris par les nouvelles lois et ordon- « nances édictées par Sa Majesté. On va donc pour- « voir à la création de cette Audience, et comme « ladite province (Nicaragua) doit être soumise à « cette Audience, et qu'elle ne doit pas avoir de

« gouverneur, il n'y a pas lieu de faire à ce sujet ce « que vous demandez. »

Ainsi, à une date où l'Audience de Panamá était provisoirement confondue dans celle des Confins, nouvellement créée, le Roi refuse d'unir les gouvernements de Veragua et de Nicaragua, parce que celui-ci dépend de l'Audience des Confins et qu'il est destiné à y rester attaché.

Au contraire, le gouvernement de Veragua, qui avait été compris dans l'Audience primitive de Panamá, devait, dans la pensée royale, demeurer lié au sort de cette dernière. Aussi, lorsqu'elle fut, en 1550, séparée de l'Audience des Confins pour être rattachée à celle du Pérou, le gouvernement de Veragua fut-il entraîné par elle dans cette nouvelle combinaison.

Quelques années après, se produisit un fait important.

Le 11 août 1556, les habitants de Natá, ville située au Sud-Est de la terre de Veragua, sur le versant du Pacifique, avaient écrit à l'Amiral Don Luis Colon que, comme il n'avait pu conquérir et peupler le Duché dont il était titulaire, ils lui proposaient de s'entendre avec lui pour mener ce projet à bonne fin. Don Luis Colon accepta cette proposition. Il abandonna à la Couronne ses droits sur le Duché en échange d'une rente, et l'année suivante, le 21 janvier 1557, une Cédule royale conféra à la ville de Natá le Duché de Veragua.

A cette date, comme nous venons de le voir, l'Audience de Panamá avait été supprimée et le gouvernement de Terre-Ferme relevait de l'Audience du Pérou (1550-1563).

Le gouverneur de Terre-Ferme, le licencié Monjaraz avait cru pouvoir concéder au capitaine Francisco Vazquez des capitulations l'autorisant à conquérir et à coloniser la Province et le Duché de Veragua. Il avait eu ensuite avec Vazquez des difficultés dont le bruit était venu aux oreilles du président et des auditeurs du Pérou. L'Audience délégua en 1559 un inspecteur, Bernardino Romani, qui fut chargé de procéder à une enquête. Nous reproduisons, au nombre des documents présentés à la Commission d'étude, le très intéressant rapport adressé à Sa Majesté Royale et Catholique, par le délégué de l'Audience du Pérou. Bernardino Romani faisait remarquer que le royaume de Terre-Ferme est loin du Pérou et que ses gouverneurs « font certaines fautes et tromperies pour être si loin du remède ». Et il concluait : « Tous en sortent avec de la prison et des fautes, comme cela apparaît pour ceux qui jusqu'à présent l'ont gouverné depuis qu'il y manque l'Audience... Puisqu'on a découvert le Veragua et tout ce que l'on conquerra de plus, et, puisque Carthagène est si près d'ici, il me paraît que du tout on pourrait faire un corps et mettre ici une Audience de trois auditeurs. » Il faisait, en cela, une proposition qui allait être accueillie, en 1563, par le Pouvoir Royal, puisqu'à cette date l'Audience de Panamá allait être reconstituée.

Or, au courant du même rapport, Bernardino Romani donne des renseignements sur le pays qui s'étend « jusqu'à toucher au Nicaragua », que Francisco Vazquez avait visité et qu'il avait considéré comme soumis à son autorité. Il est donc bien certain qu'en 1559, ce n'était pas seulement l'ancien Duché de Veragua, désormais rattaché à Natá, mais toute l'ancienne Province de Veragua et tout le pays « *jus-*

qu'à toucher au Nicaragua » qui appartenait au Gouvernement de Terre-Ferme, et, par conséquent, à l'Audience du Pérou.

L'année suivante, et conformément aux conclusions du rapport de Romani, une Provision royale confirme la nomination de Francisco Vazquez comme Gouverneur de Veragua. Cette Provision (20 août 1560) intervint après la mort (4 juillet), encore ignorée à Madrid, de Francisco Vazquez; mais, bien entendu, elle devait, dans la pensée royale, donner juridiction au Gouverneur sur tous les territoires de la Province de Veragua.

D'autre part, le 23 février 1560, une Cédule royale avait été adressée au licencié Ortiz, *Alcade mayor* de Nicaragua, et lui avait donné plein pouvoir pour qu'il allât conquérir et peupler la province de Costa-Rica. Nicaragua relevait alors de l'Audience des Confins. La province concédée à Ortiz doit donc être, à partir de cette date, considérée comme en dépendant aussi. Qu'était-ce au juste que Costa-Rica?

La partie adverse, dans un intérêt facile à comprendre, répond : « Costa-Rica, c'était la même chose que Cartago, et Cartago, c'était la même chose que l'ancienne Veragua royale. »

Il résulte, au contraire, de la Cédule royale du 23 février 1560, que la province désignée sous le nom de Costa-Rica, au lieu d'embrasser l'ancienne Province de Veragua et de suivre toute la côte de Mosquitos, depuis le Cap de Gracias à Dios jusqu'aux limites du Duché, n'était qu'un petit lambeau de terre compris entre les provinces de Honduras, de Nicaragua et le Desaguadero. Le 5 février 1561, une Cédule royale est adressée à l'Audience de « los Confines » pour que celle-ci investisse le licencié Cavallon de la fonction dont était chargé auparavant le licencié Ortiz. Cette fonction était de conquérir le Costa-Rica, c'est-à-dire, suivant les expressions mêmes de la Cédule du 23 février 1560, « une certaine terre qu'il y a entre la province de Honduras et celle de Nicaragua et le Desaguadero de ladite province, qui se jette à la mer, du côté des cités d'El Nombre de Dios et de Panamá ». Il va de soi que cette « certaine terre », ainsi désignée par une périphrase, n'était pas la partie de l'ancienne Province de Veragua excédant les bornes du Duché. Car, s'il en eût été ainsi, on n'eût pas eu à se servir de ces circonlocutions pour la déterminer; on n'eût eu qu'à viser la Cédule royale du 2 mars 1537 et à dire que les licenciés Ortiz et Cavallon étaient nommés gouverneurs de la province dont cette Cédule avait fixé les limites septentrionales.

Donc, Costa-Rica était une certaine terre « entre Honduras, Nicaragua et le Desaguadero », Veragua continuait à s'étendre le long de la côte jusqu'au Cap de Gracias-á-Dios, et Costa-Rica, en tant que province coloniale, se trouvait en dehors et en arrière de cette bande de territoire.

Costa-Rica, forçant le sens des textes, essaie de tirer des arguments contraires d'une lettre adressée au Roi le 18 décembre 1559 et de la Cédule royale signée en réponse à cette lettre (p. 58, n° 64).

L'Audience disait dans sa lettre : « La province de « Veragua, nommée aussi Nueva-Cartago, se trouve « dans ce district et confine à la province de Nicoya, « où V. M. a toujours un corrégidor. »

Mais, dans la Cédule royale du 18 juillet 1560, le

Roi a pris soin lui-même de rectifier les expressions inexactes dont s'était servie l'Audience :

« Le Roi,

« Président et auditeurs de notre Audience royale « de *Los Confines* qui réside en la cité de Santiago de « Guatemala; j'ai vu votre lettre du 14 décembre « de 1559 et par celle-ci je vous y ferai répondre... « Vous dites que la province de Veragua, que par un « autre nom on appelle la Nueva-Cartago est dans ce « district qui confine avec la province de Nicoya où « nous avons toujours un corregidor; que, depuis « deux ans, quelques Indiens voisins qu'on appelle « Chomes se sont présentés pacifiquement; qu'ils ont « été bien reçus en notre nom et qu'on les a pourvus « d'églises, de prêtres, etc.; et en outre, que, par des « Espagnols qui ont été parcourir presque toutes les « provinces de Veragua, on a reçu avis qu'il y a, en « cette région, plus de richesses en or qu'en aucune « de celles découvertes jusqu'à présent; qu'il y a peu « d'habitants et qu'ils sont dispersés, etc... »

Dans toutes cette partie de la Cédule, le Roi reproduit les demandes de l'Audience; puis il ajoute : « Pour le peuplement *de Nicoya et de la terre voisine*, « nous avons autorisé à cet effet le licencié Ortiz, « notre alcade mayor de la province de Nicaragua à « qui on a donné les *ordres* nécessaires; et *pour* « *la terre qui est dans la partie de Veragua*, elle a été, « du côté de Natá, peuplée sur notre ordre par le « capitaine Francisco Vazquez. »

Ainsi, le Roi n'assimile nullement la Province de Veragua avec celle de Nueva-Cartago. Il conserve, au contraire, au mot Veragua, son ancienne signification générale qui comprend toute la province jusqu'aux confins du Nicaragua.

La traduction donnée par Costa-Rica de cette Cédule (p. 59) est erronée. L'adversaire a omis une virgule qui se trouve après le mot Veragua, et qui change totalement le sens de la phrase.

Le Chef des Archives des Indes nous a remis à cet égard une attestation ainsi conçue : « Je certifie « qu'il y a une virgule après le mot de Veragua, et, pour « qu'il en soit constant, je délivre le présent certificat. « Séville, le 25 avril 1899. Pedro Torres Lanzas. ».

Il n'y a donc pas identité entre ce que l'Audience de Guatemala appelait Nueva-Cartago et la Province de Veragua. Nueva-Cartago pourrait se confondre avec la « certaine terre » qu'on désignait aussi sous le nom de Costa-Rica. Mais Veragua était un terme beaucoup plus général, qui embrassait des territoires d'une tout autre importance et qui continuait à s'appliquer à toute la côte depuis le Cap de Gracias-à-Dios jusqu'aux limites occidentales du Duché.

Veragua restait ainsi dans la plénitude de son étendue primitive, distincte de Costa-Rica, et elle conservait son gouverneur, qui, à la mort de Francisco Vazquez, fut son fils Alonso.

Les actes de 1560, 1561, 1562, portent tous, en effet, que Franscisco et Alonso Vazquez ont, dans leur gouvernement, les Province et Duché de Veragua ; et ces deux mots, *Province et Duché*, sont intentionnellement réunis l'un à l'autre pour se compléter. A moins de leur enlever arbitrairement toute valeur, il faut reconnaître qu'ils désignent la Province délimitée en 1537, dont le Roi avait dit : « Par ce déclarons et

« ordonnons que lesdites terres qui restent ainsi en « ladite Province de Veragua... soient de la province « de Terre-Ferme appelée Castille d'Or, aussi long- « temps que ce sera notre plaisir et notre volonté. »

En 1563, une Cédule royale fait revivre l'Audience de Panamá et lui donne même une étendue plus considérable que celle qu'elle avait avant sa disparition en 1550.

L'Audience de Guatemala disparaît à son tour et s'absorbe dans celle qui ressuscite. La Cédule royale dont nous parlons est délivrée à Saragosse le 8 septembre 1563; et le Roi déclare qu'il est de son bon vouloir que l'Audience restaurée comprenne les territoires suivants : le Nombre de Dios et sa terre, la cité de Natá et sa terre, le Gouvernement de Veragua, etc.

Depuis 1557, le Duché de Veragua appartenait à la cité de Natá. La Cédule aurait, par conséquent, commis un inexplicable pléonasme si, en ajoutant le Gouvernement de Veragua à la terre de Natá, elle n'avait entendu faire allusion qu'au gouvernement de l'ancien Duché. Elle visait, en réalité, toute l'ancienne Province de Veragua. La lecture attentive du texte en fournit, d'ailleurs, la démonstration irréfutable. La Cédule commence par indiquer les provinces qui bordent la mer du Nord, de l'Est à l'Ouest : le Nombre de Dios et sa terre, la cité de Natá et sa terre (c'est-à-dire l'ancien Duché), le Gouvernement de Veragua (jusqu'au Cap de Gracias-á-Dios), puis elle passe à la mer du Sud : « Et sur la mer du Sud, la côte en amont, etc. »

Les limites de l'Audience de Panamá étaient expressément reportées, au Nord-Ouest, à une ligne « allant de la baie de Fonseca jusqu'au Rio Ula (Ulúa). »

C'est dire qu'elles enveloppaient le Nicaragua et le Honduras, et ces deux provinces sont, en effet, nommément indiquées dans la Cédule. Mais il est à remarquer que le nom de *Costa-Rica* n'est pas prononcé. Le Costa-Rica fait partie de l'Audience nouvelle, puisqu'elle s'étend de Buenaventura à la Baie de Fonseca; mais alors que la Cédule énumère les provinces de Nicaragua, de Honduras, de Veragua, de Natá, la « certaine terre », qui avait fait l'objet de la Cédule du 23 février 1560, est considérée comme quantité négligeable, et c'est implicitement qu'elle est comprise dans l'énumération. Tant il est vrai que Costa-Rica n'est pas alors le nom de l'ancienne Veragua et que celle-ci conserve, au contraire, toute l'importance que lui avait attribuée, en 1537, la volonté de Charles-Quint.

Pendant cinq ans, les choses restèrent dans le même état : Alonso Vazquez était gouverneur de Veragua. Il eut des difficultés avec Juan Vazquez de Coronado qui, parti de Nicaragua, s'était avancé vers le Sud, et inquiétait les frontières de Veragua. Le licencié García de Castro réunit ces deux rivaux et leur enjoignit de rester tranquilles « jusqu'à ce que l'Audience leur eût fait la division des régions respectives » (Lettre de Panamá, 22juillet 1564). Il faut se rappeler que, à partir du 8 septembre 1563, tous les territoires compris jusqu'à la Baie de Fonseca sur le Pacifique et jusqu'au fleuve Ulúa qui se jette dans l'Atlantique, appartenaient à l'Audience de Panamá. Par conséquent, le gouvernement de Juan Vazquez de Coronado était, comme celui d'Alonso Vazquez, soumis à cette Audience. Les limites entre le Veragua et le Nicaragua avaient été fixées, comme nous l'avons vu, du côté du Pacifique, par la Sentence Royale du 21 avril 1529 (voir *Costa-Rica, Nicaragua y Panamá*, p. 719) et du côté de l'Atlantique par la Provision du 6 mai 1541 (voir, *ut supra*, p. 113). C'étaient ces limites que Juan Vazquez de Coronado avait la prétention de dépasser.

En 1568, la constitution des Audiences est derechef profondément modifiée. L'Audience de Guatemala est établie de nouveau. Celle de Panamá subsiste, mais dans des conditions autres que pendant la période de 1563 à 1568.

La Cédule Royale, signée par Philippe II à l'Escurial le 28 juin 1568, est, au débat, d'une importance capitale. Avec celles de 1537, de 1557 et de 1563, avec les Lois des Indes promulguées en 1680 et avec l'Ordre royal de 1803, elle forme les points dominants de notre argumentation.

Philippe II s'adresse « aux gouverneurs et juges des provinces de Guatemala, Nicaragua, Chiapa, Higueras, Cap de Honduras, Verapaz et autres îles quelconques ou provinces qui existeraient sur les côtes et parages desdites provinces *jusqu'à ladite province de Nicaragua* ». Cette fois encore il n'est pas explicitement parlé de Costa-Rica.

Il est décidé qu'une Audience, comprenant toute cette étendue de territoires, sera créée et aura son siège dans la province de Guatemala, en la cité de Santiago.

Ainsi, ce qui était détaché de l'Audience de Panamá, c'étaient les provinces de Guatemala, Chiapa, Higueras, Honduras, Verapaz, en un mot, tout le territoire jusques et y compris le Nicaragua, mais rien au delà.

Le Gouvernement de Veragua, tel qu'il avait été fixé en 1529, en 1537 et en 1541, restait donc lié à Panamá, aussi bien que l'ancien Duché devenu terre de Natá. En revanche, l'Audience de Guatemala ne devait pas s'étendre au delà des limites assignées en 1529 et en 1541, c'est-à-dire du côté du Pacifique jusqu'au Rio Boruca et du côté de l'Atlantique, jusqu'à quinze lieues à l'Est du lac de Nicaragua. Quant à Costa-Rica, il n'était pas nommé, mais, considéré comme annexe insignifiante du Nicaragua, il suivait le sort de cette province et passait à l'Audience de Guatemala.

Si Costa-Rica avait, à cette époque, englobé, comme le veut son Représentant, toute l'ancienne Province de Veragua, et s'il s'était étendu sur toute la côte de Mosquitos, la Cédule ne l'aurait sans doute pas traité avec ce silence dédaigneux.

La répartition faite en 1568 est, d'ailleurs, éclairée, d'une manière irréfutable, par les Lois des Indes qui ont été édictées près d'un siècle plus tard, en 1680, et dont nous avons établi, dans notre premier exposé, l'autorité souveraine.

Tout ce qui a pu se passer, dans l'intervalle entre 1563 et 1568, d'une part, et 1680 de l'autre, est anéanti par ce simple fait que la volonté royale a, en 1680, catégoriquement confirmé la démarcation primitive des Audiences de Guatemala et de Panamá.

La « Recopilación de Las Leyes de los Reynos de las Indias » consacre, en effet, le Titre XV de son Livre II à l'établissement des Audiences en Amérique. Dans la Loi IV, Carlos II sanctionne, le 18 mai 1680, la constitution définitive de l'Audience de Panamá, et, dans la Loi VI, celle de l'Audience de Guatemala.

Or, en collationnant les textes de 1680 avec ceux de 1537, de 1563 et de 1568, on aperçoit clairement que les Lois des Indes maintiennent à chacune des deux Audiences voisines son étendue et ses limites primitives.

La Loi IV, qui concerne l'Audience de Panamá, est, à cet égard, formelle. Elle est accompagnée d'une mention où sont visées les Cédules royales sur lesquelles elle s'appuie et dont elle doit être la codification et le résumé. Et, parmi ces visas, se trouvent celui qui a trait à la Cédule du 2 mars 1537 (fixation des limites de Veragua), celui qui a trait à la Cédule du 24 février 1538 (création de l'Audience de Panamá), celui qui a trait à la Cédule du 8 septembre 1563 (réorganisation de l'Audience de Panamá).

La référence à la Cédule royale du 2 mars 1537 est décisive. Elle n'aurait aucune raison d'être si les Lois des Indes n'avaient pas précisément pour objet d'appeler Veragua ce qui s'appelait Veragua en 1537.

Mais il y a plus. La Loi IV reproduit presque textuellement les expressions et formules des actes visés, et elle décide notamment que l'Audience aura pour district la province de Castille d'Or jusqu'à Portobelo et sa terre, la cité de Natá et sa terre, le Gouvernement de Veragua. Déjà, la Cédule de 1563 se servait de ces dénominations : la cité de Natá et sa terre, le Gouvernement de Veragua. Nous avons montré que ces vocables désignaient alors toute la côte jusqu'au Cap de Gracias-à-Dios. La Loi de 1680, en s'appropriant les mêmes expressions, a évidemment voulu adopter les mêmes limites.

D'autre part, la Loi VI, qui détermine la constitution de l'Audience de Guatemala, vise la Cédule du

28 juin 1568, dont elle reproduit également les expressions essentielles. Elle attribue à l'Audience les provinces de Guatemala et Nicaragua, de Chiapas, de Higueras, de Cabo de Honduras, de la Verapaz et de Soconusco avec les îles de la côte. C'est l'énumération de 1568, complétée seulement par l'adjonction de Soconusco. Or on sait que, par une Provision datée du 25 janvier 1569, le Roi avait expliqué qu'il avait entendu, en 1568, comprendre Soconusco dans l'Audience de Guatemala. La Loi de 1680 ne fait donc, au total, que confirmer ce qui avait été édicté en 1568.

Ainsi, en résumé, le Roi fixe, en 1537, les limites de la Province de Veragua et il déclare qu'elles s'étendent jusqu'au Cap de Gracias-à-Dios. En 1563 et 1568, il décide que la Province de Veragua dépend de l'Audience de Panamá. En 1680, il confirme solennellement ces décisions antérieures.

Ce n'est pas tout encore. Dans les mêmes Lois des Indes, promulguées en 1680, le Souverain espagnol ajoute : « Vu qu'on a formulé des doutes sur les limites « et les territoires de quelques gouvernements, notre « volonté est que l'on observe les déclarations conte- « nues dans les Lois suivantes : . . . .
« . . . .

LOI IX

« *Que toute la Province de Veragua soit du gouvernement* « *de Terre-Ferme.* »

Et dans une note marginale, il est constaté que cette Loi n'est que la confirmation de la Cédule royale du 2 mars 1537 (voir, folio 143, tom. II de la Recopilación de Indias, 3e édition de 1774, présentée par la Colombie à la Commission d'étude).

Donc, le gouvernement de Veragua relève de Terre-Ferme et de l'Audience de Panamá et il comprend, comme en 1537, toute la côte jusqu'au Cap de Gracias-á-Dios, c'est-à-dire tout le littoral qui, plus tard, s'appela « Côte de Mosquitos ».

Vainement Costa-Rica essaye-t-il d'opposer à ces documents irréfutables la capitulation accordée le 1er décembre 1573 au Capitaine Diego de Artieda. Il faut d'abord remarquer que cette capitulation n'avait pas, en fait, la signification que lui prête l'adversaire.

Dans les onze premiers paragraphes, Diego de Artieda contractait une série d'engagements formels: aller découvrir, peupler et pacifier le Costa-Rica, armer et approvisionner trois navires, reconnaître toute la côte « des bouches du Desaguadero jusqu'aux con- « fins de Veragua par la Mer du Nord et y prendre « possession de ce qui n'aurait pas été pris, etc. ».

Sans aucun doute, la capitulation paraissait ainsi concéder à Artieda une partie de Veragua et elle semblait étendre Costa-Rica jusqu'au littoral de la Mer du Nord au delà des bouches du Desaguadero. Mais elle restreignait immédiatement la portée de cette concession en disant : « *prendre possession de ce qui* « *n'aurait pas été pris* ».

Le dispositif de la capitulation, qui commence au paragraphe 12, était conçu dans des termes plus vagues encore. Artieda était nommé gouverneur de Nicaragua, de Nicoya et de Costa-Rica, mais *jusqu'à la Province de Veragua*, — ce qui laissait entière la question de savoir où commençait cette province. En outre, on le prévenait que, s'il ne remplissait pas ses engagements, on ne lui donnerait pas « quoi que ce fût de ce qui est mentionné ci-dessus » et on le « ferait « plutôt punir »; et on ferait « procéder contre lui, « comme contre qui n'obéit pas à son Roi et Seigneur « naturel et n'en exécute pas les ordres ».

Voilà bien, saisi une fois encore sur le vif, le caractère des capitulations. Ce sont des contrats synallagmatiques conditionnels.

Cette capitulation de 1573 n'avait pas et ne pouvait avoir pour objet de décider de quelle Audience relevaient les territoires à découvrir. Elle laissait intactes les répartitions de 1537, 1563, 1568. Elle comportait simplement un permis de coloniser.

Elle n'a pas, du reste, tardé à devenir caduque et jamais n'ont été rendues, au profit d'Artieda, les Cédules qui étaient annoncées et dont il aurait eu besoin pour exercer tous ses pouvoirs.

D'abord, Artieda fut arrêté dans sa conquête, comme il y avait lieu de le prévoir, par l'opposition du Gouverneur de Veragua. Une Cédule royale datée de San-Lorenzo, le 30 août 1576, dut ordonner une information pour rechercher les limites des deux gouvernements. C'est à ces difficultés perpétuelles que fait allusion la Loi des Indes dans le passage que nous avons reproduit plus haut et c'est à elles que cette Loi a mis un terme, en rétablissant dans toute leur force initiale les Cédules de 1537, 1563 et 1568.

En second lieu, Artieda ne réussit pas, par sa propre faute ou par la faute des circonstances, à remplir sa capitulation, et il est étrange que Costa-Rica ait allégué le contraire (p. 113, n. 106), car les preuves de l'inexécution de ses engagements abondent entre 1578 et 1592. C'est, en 1578, une lettre de l'Évêque de Nicaragua au Roi, dans laquelle il lui fait part de la mauvaise réussite d'Artieda. C'est, la même année, une lettre du Fiscal de l'Audience de Guatemala. L'Audience, le 18 mars 1578, déclare qu'on a donné l'ordre à Artieda de comparaître en personne pour répondre aux accusations dont il est l'objet et qu'il n'a pas répondu à cette citation « parce qu'il a quitté la province, poursuivant une conquête de terres dans le Guaymi », qui dépend de Veragua. C'est, en 1581, une lettre du Président et des Auditeurs de Guatemala rendant compte, une fois encore, des accusations portées contre Artieda. C'est, le 29 septembre 1583, une lettre du Fiscal de l'Audience de Panamá, où il est dit que, dans le litige survenu entre le Veragua et le Costa-Rica, au sujet de la région du Guaymi, c'est Veragua qui a raison. C'est, en 1587, le procès intenté par le Conseil des Indes contre Artieda. C'est enfin, en 1592, une lettre adressée au Roi par le Président et les Auditeurs de l'Audience de Guatemala, lettre dans laquelle ils informent Sa Majesté qu'Artieda n'a rempli en rien sa capitulation et que, pendant l'intérim et jusqu'à ce que le Roi ait pourvu à la nomination d'un autre gouverneur, l'Audience a chargé Gonzalo de Palma, habitant de Panamá, de pacifier ce « petit coin de terre ». Ainsi c'est à un lambeau de terre que se réduisait le domaine d'Artieda. Lui-même a déclaré quelle était l'étendue de Costa-Rica en disant : « Selon l'astrolabe, cette province est située *tout entière* entre 12° 1/3 et 12° 1/2 de latitude » (voir *Costa-Rica, Nicaragua y Panamá*, p. 618). La capitulation de Artieda, en admettant qu'il l'eût exécutée, n'aurait pas pu valoir comme loi de division territoriale. Mais il ne l'a pas accomplie et elle est devenue lettre morte.

Cette abrogation a été si complète que, le 29 décembre 1593, Don Fernando de la Cueva a été nommé gouverneur de Costa-Rica, à la place d'Artieda; et, cette fois, pour que le bénéficiaire de la nouvelle capitulation ne fût pas entraîné, par une ambition excessive, à empiéter sur Veragua, Fernando de la Cueva n'est nommé que pour un temps très court. A Artieda avaient été accordés (paragraphe 12) le gouvernement et la capitainerie générale de la province de Costa-Rica et de tous les autres terrains qu'il comprend, pour tous les jours de sa vie et de celle d'un fils ou d'un héritier, ou de la personne qu'il nommerait. Tous ces avantages ont disparu. Le gouvernement n'échet ni au fils de Artieda ni à son héritier, ni à la personne qu'il aurait désignée. C'est un nouveau venu qui est nommé gouverneur de Costa-Rica pour huit ans et alcade mayor de Nicoya pour douze ans, et cela par une capitulation très laconique qui évite soigneusement tous les sujets de controverse.

Mais quelle est la valeur de cet acte de 1593? C'est encore un contrat, et c'est, cette fois, un contrat de courte durée. C'est une concession momentanément faite à un particulier.

Un acte de cette nature ne saurait être opposé à des lois organiques comme celles par lesquelles ont été établies les Audiences.

A supposer que les Lois des Indes, promulguées en 1680, n'existassent pas, ces capitulations de 1573 et de 1593 devraient être considérées comme lettre morte en regard des Cédules royales de 1563 et de 1568.

Mais il y a plus :

Ces capitulations ont été chronologiquement encadrées entre ces Cédules royales et les Lois édictées en 1680.

Or les Lois de 1680 visent expressément les Cédules de 1563 et de 1568. Elles ne font aucune allusion aux capitulations de 1573 et de 1593.

Ce silence est significatif. Il prouve qu'en maintenant, dans toute leur vigueur primitive, les Lois organiques de 1563 et de 1568, le Souverain omet intentionnellement les capitulations éphémères de 1573 et de 1593. Il consolide ce qui était fait pour durer; il supprime ce qui était fait pour passer. La volonté royale est formelle et aucun sophisme n'en saurait détruire l'effet.

Après les explications que nous venons de donner sur la constitution des Audiences, il n'y a pas grand intérêt juridique à examiner ce qu'a été, en fait, le Gouvernement de Veragua, pendant le seizième et le dix-septième siècle.

Alors même que des gouverneurs voisins ou des colons trop entreprenants auraient voulu empiéter sur la Province de Veragua; alors même qu'ils y auraient réussi, ce serait là une question de fait qui ne toucherait pas au fond du droit.

La possession précaire ne prévaudrait pas contre la propriété.

M. Peralta lui-même a reconnu dans *Costa-Rica, Nicaragua y Panamá* (p. 452) que les districts des Audiences de Panamá et de Guatemala « *n'avaient subi aucune altération légale pendant les deux siècles et demi que dura la domination espagnole* ». Voilà la constatation essentielle. Tout le reste est secondaire.

Mais nous voulons répondre à quelques renseignements historiques, tout à fait erronés, qui sont compris dans l'exposé de Costa-Rica.

A en croire la partie adverse, le Veragua aurait été, à la fin du seizième et pendant le dix-septième siècle, confiné à l'Est de la Baie de l'Amiral, et le Costa-Rica se serait, au contraire, étendu jusqu'à l'Escudo de Veragua.

Pour appuyer cette légende, Costa-Rica produit des cartes sur lesquelles une habile fantaisie change la position des tribus et le cours des rivières. Mais les documents abondent pour rendre aux faits leur exacte signification.

Nous mentionnerons seulement quelques-unes des preuves qui ont été produites devant l'Arbitre par le Représentant de la Colombie, M. Betancourt.

— Le 22 février 1548, Diego Ruiz constate dans un rapport au Roi que les mines d'or et la Cordillère de « Urraca » ne sont pas comprises dans le Duché de Veragua. Pour faire la mesure des vingt-cinq lieues en carré allouées par l'Empereur à Don Luis Colon, il faut donc prendre un point de départ situé à l'Ouest de la Cordillère. Il y a, d'ailleurs, une confirmation graphique de cette observation dans la carte de Diego Ribero, cosmographe du Roi, datée de 1529. Sur cette carte, la rivière de Belén est placée à l'extrémité orientale de la Baie de l'Amiral, et c'est là que doit passer le méridien qui, suivant la résolution de l'Empereur Charles-Quint, constituait la limite orientale du Duché de Veragua. Nous avons démontré, dans notre premier mémoire, que la mesure du territoire du Duché devait être faite d'après la carte de Diego Ribero, qui représentait, à l'époque, les connaissances géographiques officielles sur la région litigieuse. Aujourd'hui, le nom de Belén peut être appliqué à quelque autre rivière; il n'importe; et c'est évidemment à la carte du temps que nous devons nous en référer. Nous voyons ainsi que le carré de vingt-cinq lieues de côté embrasse toute la Baie de l'Amiral et une étendue considérable de territoire à l'Occident de ladite Baie. Rien ne démontre mieux l'inexactitude de la « Carte historique géographique » de M. Peralta.

— Nous avons déjà cité la lettre adressée au Souverain par le Délégué Royal, Bernardino Romani, datée de Nombre-de-Dios, le 15 septembre 1559. Il appert de cette lettre que le Duché et la Province de Veragua appartenaient au gouvernement de Panamá et que le Veragua arrivait jusqu'au Nicaragua, dont les limites, comme nous l'avons déjà vu, avaient été fixées par les Actes royaux de 1529 et de 1541.

— Le 30 janvier 1570, les Officiers Royaux de Sa Majesté, qui étaient, à Panamá, les représentants du Souverain, lui envoyèrent un rapport et une description du Royaume de Terre-Ferme et de la Province de Veragua. Ce rapport prouve que le domaine de l'Audience de Panamá s'étendait jusqu'aux territoires arrosés par le fleuve Tarire et les autres rivières jusqu'au Desaguadero (canal d'écoulement du Lac de Nicaragua).

— En 1592, le Roi autorisa le gouverneur de Veragua, Iñigo de Arança, à découvrir, pacifier et peupler la province de Guaymi. A supposer que les Indiens Guaymies fussent alors, comme l'indique la carte dressée en 1892 par M. Peralta, cantonnés dans les vallées qui débouchent à l'extrémité orientale de la Baie de l'Amiral, il n'en resterait pas moins qu'en 1592 le Roi ne songeait pas à permettre au gouverneur de Costa-Rica de s'espacer le long de la côte jusqu'en face de l'Escudo de Veragua. Mais les tribus des Guaymies occupaient tout le bord de la Lagune de Chiriquí jusqu'au Rio Róvalo, et, suivant les documents publiés par M. Peralta (*Costa-Rica, Nicaragua y Panamá*, p. 239 et 279), les mêmes tribus occupaient aussi une riche vallée du côté du Pacifique, à dix lieues de la mer du Sud, près le golfe Dulce ou de Osa.

— En 1603 fut fondé par les autorités de Veragua, en vertu des ordres du Souverain espagnol, le fort de San-Juan, et dans l'acte de fondation il est constaté que le domaine effectif du gouvernement de Veragua s'étendait, selon les plus anciennes traditions, jusqu'au *Cabo Blanco* ou *Punta Blanca*, c'est-à-dire à peu de distance du port appelé aujourd'hui **Limon**.

— En 1605, un dossier est présenté au Conseil des Indes, au sujet de la confirmation des nominations qu'a faites le gouverneur de Veragua d'Antonio Landin et de Gaspar del Castillo, comme trésorier et payeur de la province, et le gouverneur est intitulé : « Gouverneur de Guaymi et Duy. » Or, sur la carte même de M. Peralta, le Duy est situé à l'Ouest de la Baie de l'Amiral, du côté du Rio Ranchito. Par conséquent, en 1605, le gouvernement de Veragua, qui s'étendait en droit jusqu'au Cap de Gracias-á-Dios, embrassait au moins, en fait, tout le contour de la Baie de l'Amiral.

— De même, en 1609, le Président de l'Audience de Panamá recommande pour le poste de gouverneur de Veragua, Don Lorenzo Roa, et le signale comme particulièrement apte à se charger de la conquête du Duy.

Il est vrai que, le 10 octobre 1605, le Capitaine Diego de Sojo, venu de Costa-Rica, avait fondé la ville de Santiago de Talamanca, près d'une rivière que M. Peralta veut confondre avec celle qui s'appelle aujourd'hui *Sigsaula*. Mais les documents produits par le Costa-Rica rendent tout à fait impossible cette confusion.

Le 4 septembre 1605 (voir Peralta, *Limites de Costa-Rica y Colombia*, 1573 à 1881, p. 26-28), le Capitaine Pedro de Flores et le sergent Martin de Beleño avec huit compagnons, agissant par ordre du Capitaine Diego de Sojo, signèrent un acte de reconnaissance d'une rivière que l'on appelait « Tarire », mot qui dans le dialecte indigène veut dire grande rivière. Dans cet acte, on décrit la rivière en disant « qu'à son entrée à la mer il y a un port commode, bien sûr et propre pour l'entrée et la sortie des frégates du commerce de toutes parties, en toute sûreté, parce que la barre de cette rivière a trois vares de fond à basse mer, d'après les sondages et les observations faites par nous ; cette barre forme un banc de sable étroit, qui court de l'Est à l'Ouest et qui a sa largeur de Nord à Sud, *et le pays de la côte voisine de cette dite barre et de l'entrée de la rivière est tout plat, mais du côté du Nord-Ouest, il y a un îlot couvert de bois, à environ un quart de lieue, placé en mer* ». Aucune de ces indications ne correspond au Sigsaula. Le port, dont parlent les agents de Diego de Sojo, est évidemment celui qu'on appelle aujourd'hui Port Limon (ancien Portete) et l'îlot, c'est la petite île appelée *Urita* à 83°2' de longitude Ouest de Greenwich et 10° de latitude Nord. C'est le même port qui fut décrit par Andrès Arias de Maldonado, Gouverneur de Costa-Rica (*ut supra*, p. 69), dans une lettre où il dit au Roi : « Nous avons découvert une plage très agréable et une baie très étendue où pourraient tenir deux cents navires ; son entrée est formée de deux canaux divisés entre eux par un îlot, qui permettrait de faire au centre une fortification pour défendre les deux canaux. La baie est protégée de tous les vents parce que, du côté de l'Est où est son entrée, l'île la protège des autres vents : c'est un abri, en raison des pointes qui s'allongent en mer. » Et M. Peralta ajoute en note, à la fin de la même page 69 : « Cela se rapporte à *Puerto Viejo* ou *Old Harbour*, comme nous l'avons déjà dit, parce que cela se trouvait sur la côte des Indiens *Tariacas* et **avec plus de probabilité aux Port et Baie de Limon** (*Portete*) **et à l'île Uva** à 83° 2' de longitude Ouest de Greenwich et 10° de latitude Nord dans le territoire *Tariaca* suivant plusieurs gouverneurs. » Le 10 octobre 1605, un mois après l'acte de reconnaissance, le même Capitaine Diego de Sojo, sur l'ordre de Juan Ocón y Trillo, Gouverneur de Costa-Rica, fonda la ville de Santiago de Talamanca près de la rivière déjà explorée et que nous soutenons ne pouvoir être le Sigsaula actuel (*ut supra*, p. 30-34). Talamanca a été fondée dans le « Real de Viceita », c'est-à-dire dans le territoire des tribus appelées **Viceitas**, cantonnées au Nord de la rivière Sigsaula.

Le capitaine Sojo, cherchant à flatter les idées ambitieuses du gouverneur Ocón y Trillo, formula, dans l'acte de fondation de la nouvelle cité, des prétentions absolument contraires aux droits territoriaux de la Province de Veragua et à la Loi VI, Titre V, Livre IV de la « Recopilación de Indias », expédiée d'après les ordonnances 88 et 89 de Felipe II, qui stipule que dans « les peuplements nouveaux, on « devra leur donner un territoire de quatre lieues en « carré que l'on pourrait allonger suivant la situation « du pays ».

Comment donc Costa-Rica pourrait-il s'appuyer sur les étranges prétentions exprimées dans l'acte de fondation de Talamanca, et étendre les limites de cette ville jusqu'en face de l'Escudo de Veragua?

L'Audience de Panamá savait si bien qu'elle avait autorité sur tout ce pays, qu'en 1617 son Président écrivait de nouveau à S. M. pour demander que le gouverneur de Veragua, Fernando Gonçalez Lobo, fût chargé de réduire le Duy.

Et trois ans après, nous trouvons dans une lettre de l'évêque de Panamá une description détaillée de la Province de Veragua. La Baie de l'Amiral et le Rio Tarire y figurent comme parties intégrantes.

C'est le gouverneur de Veragua qui reçoit alors mission de pacifier, non seulement les Indiens Guaymies, mais les Cotos et les Borucas (Lettre du Président de l'Audience de Panamá, 1625. — Six cédules royales au sujet des Guaymies, des Cotos et Borucas, 1626).

Or, si nous consultons la carte dressée par M. Peralta en 1892, nous voyons qu'il place lui-même les Cotos à l'Ouest du 83°, au Nord du massif de Santa-Clara, et les Borucas en aval, dans la même vallée du Rio Coto ou Rio Grande de Térraba ou Boruca.

Au surplus, dans une Cédule royale du 24 mai 1740 (Peralta, vol. II, *Limites entre Costa-Rica y Colombia*, p. 170), il est déclaré que les Borucas étaient situés sur la ligne frontière entre Terre-Ferme (Panamá) et Costa-Rica. D'autre part, les gouverneurs de Costa-

Rica, notamment Diego de la Haya, Luis Diez de Navarro, ont reconnu que leur juridiction ne dépassait pas le Rio Boruca. C'est ce qui explique que, dans une lettre officielle, datée de Guatemala le 8 janvier 1827, Don Juan Francisco de Sosa, Ministre d'Etat de la République fédérale de « Centro-America » à laquelle appartenait le Costa-Rica, ait déclaré que la limite de la République du côté du Pacifique était ce même Rio Boruca.

La Colombie ne peut sans doute se prévaloir de cette déclaration, parce qu'elle est liée par le traité additionnel du 20 janvier 1886, passé entre elle et le Costa-Rica, et parce que ce traité porte que la frontière de Colombie ne peut dépasser l'embouchure du Rio Golfito, située dans le golfe de Osa ou Dulce, au S.-E. du Rio Grande de Térraba ou Boruca. Mais cet abandon conventionnel de ses droits anciens sur la vallée des Borucas ne l'empêche pas de rappeler ici les textes formels du XVIIIe siècle et d'en conclure que, du moment où, sur le versant du Pacifique, l'Audience de Panamá s'étendait incontestablement sur cette région, il eût été bien singulier que du côté de l'Atlantique, où les titres du gouvernement de Veragua dataient de 1537 et où ils étaient très précis, il se fût produit une dépossession progressive de ce gouvernement au profit de Costa-Rica.

Le 13 juillet 1627, une Cédule royale, datée de Madrid, est expédiée aux Président et Auditeurs de l'Audience de Panamá en Terre-Ferme. L'Audience est autorisée à subventionner un prêtre pour évangéliser les Indiens Cotos et Borucas. Il est dit dans cette cédule : « Par la lettre que vous, le Président, avez écrite le 27 novembre 1625, dans laquelle vous m'avisez que les Indiens Cotos et Borucas qui étaient en guerre sur le chemin de Nicaragua et voisins de ceux du Guaymi ont été pacifiés, vous dites qu'il y a là plus de six mille Indiens qui, à votre avis, se soumettraient. »

Ainsi les Indiens Cotos et Borucas, voisins de ceux du Guaymi, guerroyaient sur le chemin de Nicaragua, dans une région qui relève de l'Audience de Panamá. C'est donc que cette Audience continuait à englober, dans la direction de Nicaragua, toute l'ancienne Province de Veragua.

Un religieux, le Père Adrian de Santo-Tomas fut alors chargé de pacifier les tribus, de concert avec le gouverneur de Veragua; et, en 1628, une Cédule royale enjoignait au Président de Panamá d'envoyer un rapport sur cette pacification (12 septembre 1628).

En 1629, nous trouvons des lettres de Monroy, gouverneur de Veragua, sur la réduction des Guaymies et la conquête du Duy.

En 1645, Fray Adrian de Santo-Tomas, de l'ordre des prédicateurs, relate les services qu'il a rendus, depuis vingt-trois ans, dans la juridiction de Panamá; il les consigne dans un mémoire très documenté auquel sont annexés des actes très importants et à la suite desquels sont reproduites les Cédules royales du 14 août 1620, du 12 juillet 1628, du 28 décembre 1630, ainsi que la provision dictée d'ordre royal par Don Alonso de Quiñones Osorio, gouverneur de Veragua, pour charger Fray Adrian de Santo-Tomas de catéchiser les tribus suivantes : Cotos, Panganas, Duies, Suies et Borucas. Le Gouvernement de Veragua s'étendait donc bien, non seulement en droit, mais en fait, sur les territoires occupés par ces tribus.

L'action de l'Audience de Panamá s'exerçait si

efficacement jusqu'aux frontières du Nicaragua qu'en 1675, les cités de Cartago et d'Esparza de Costa-Rica demandèrent expressément à être adjointes à Panamá. Elles proclamaient ainsi que leurs principaux intérêts les rattachaient à cette Audience; ce qui prouve assez que l'autorité effective de Panamá était établie jusque dans leur voisinage, sur toute l'ancienne Province de Veragua.

Le Président de Panamá transmit au Roi, avec avis favorable, le mémoire des habitants de Costa-Rica; et le 28 septembre 1578 furent signées plusieurs cédules royales, adressées au Vice-Roi de la Nouvelle-Espagne, au Président de l'Audience de Guatemala, au Vice-Roi du Pérou, et prescrivant à ces hauts fonctionnaires une information sur la demande de Cartago et d'Esparza de Costa-Rica.

Cette information ne semble pas avoir eu de suites, les Lois des Indes ayant, deux ans plus tard, confirmé l'organisation primitive des Audiences.

La même année 1678, l'Auditeur de Panamá, Don Fernando Jimenez de Paniagua, écrivit au Roi pour lui rendre compte d'une mission qu'il avait reçue à l'effet de « prendre les résidences des anciens gou- « verneurs de Veragua ». Envisageant l'étendue de cette province, Don Fernando Jimenez de Paniagua dit que « la terre s'étend sur plus de cent lieues « de long dans la direction de Costa-Rica ». Nous sommes loin des modestes vingt-cinq lieues du Duché, et c'est bien, certes, l'ancienne Province de Veragua que l'Auditeur considère, et avec raison, comme continuant à relever de l'Audience de Panamá.

Le Roi connaissait donc bien exactement ce que l'Audience de Panamá appelait Province de Veragua lorsqu'il élaborait la *Recopilación*, promulguée en 1680. C'est donc sciemment que, dans la Loi IV, il maintient sous l'autorité de cette Audience la province de Castille d'Or et sa terre jusqu'à Portobelo, la cité de Natá et sa terre, le Gouvernement de Veragua, etc.

M. Silvela a parfaitement expliqué, dans le premier exposé de la Colombie, ce que fut ce grand monument législatif de 1680 et nous y avons nous-même insisté plus haut, en montrant comment il se reliait, à plus d'un siècle d'intervalle, aux actes royaux de 1563 et de 1568.

Rappelons seulement que la Cédule de Carlos II, édictée le 18 mai 1680, qui se trouve en tête de ce code mémorable, ordonne de « garder, observer et exécuter les lois de la Recopilación », et elle prescrit que par elles se décident tous les procès et affaires, encore que lesdites lois soient contraires à d'autres lois, chapitres de lettres, pragmatiques, cédules, lettres, provisions, ordonnances, instructions, actes du gouvernement ou autres dépêches manuscrites ou imprimées, « *tous lesquels restent dès maintenant et à l'avenir sans autorité aucune.* »

Il y aurait là, s'il était nécessaire, une abrogation formelle des capitulations de 1573 et de 1593 ; et cette abrogation est encore fortifiée par la Loi XVIII du Titre I, Livre IV, ainsi conçue : « que toutes les découvertes et pacifications ou tous contrats qui auraient été faits sur icelles soient suspendus s'ils étaient ou pouvaient être opposés aux lois de ce Livre. »

Cette règle souveraine n'était, au demeurant, que la répétition de celle qu'avait déjà posée l'Empereur Charles-Quint, dans une pragmatique datée de Valladolid, le 6 avril 1650. Les capitulations ou contrats faits en vue des découvertes, pacifications et peuplements, n'avaient donc jamais eu qu'une valeur toute relative. C'étaient des conventions qui, passées pour les besoins du moment, ne pouvaient altérer en rien les divisions territoriales établies par les lois organiques.

Arrivés, dans cet exposé chronologique, à la date de 1680, nous n'avons donc qu'à rappeler ce que nous avons dit plus haut sur la constitution des Audiences et sur les Cédules de 1563 et de 1568, confirmées solennellement par les Lois des Indes. C'est là qu'est la base inébranlable sur laquelle repose, dans l'Amérique espagnole, toute l'organisation provinciale.

Or la Loi I, Titre I, Livre V, porte : *Et vu qu'on a formulé des doutes sur les limites et les territoires de quelques gouvernements, notre volonté est que l'on observe les déclarations contenues dans les lois suivantes :*

. . . .

LOI IX

Que TOUTE la Province de Veragua soit du gouvernement de Terre-Ferme.

Toute la Province de Veragua, ce n'est pas seulement le carré de vingt-cinq lieues de côté qui formait l'ancien Duché, c'est toute la Province telle qu'elle avait été définie en 1537, puisque la Cédule royale de 1537 est visée dans les Lois des Indes, et l'expression est employée en pleine connaissance de cause, puisque le Roi sait qu'il s'était élevé des doutes et des discussions sur les limites respectives des territoires et puisque la loi a précisément pour objet de mettre fin à ces controverses.

Dans la même année de 1680, des cédules royales, datées de Madrid le 14 janvier 1680, sont adressées à l'Audience et à l'Évêque de Panamá, pour les inviter à prendre part à une junte qui doit étudier des propositions faites par le gouverneur et capitaine général de la Province de Veragua, Don Francisco de Villafañe, à l'effet de réduire les tribus indiennes. Ces Indiens conspiraient avec ceux de la *Talamanca, qui était à quatre-vingts lieues de distance.* Ces cédules montrent suffisamment que Costa-Rica cherche à égarer l'opinion, lorsqu'il allègue que la Talamanca s'étendait jusqu'en face de l'Escudo de Veragua et dépendait de Costa-Rica. On se rappelle que, pour soutenir cette thèse aventureuse, il s'appuie sur une phrase emphatique de l'acte de fondation de la ville de Talamanca, en 1605. Mais ces cédules de 1680 prouvent que Talamanca était située à une distance considérable de l'Escudo de Veragua; et c'est par un abus véritable des procédés d'illusion cartographique que le Représentant de Costa-Rica, espaçant les lettres de ce mot *Talamanca*, couvre de ce nom toute la région qui entoure la Baie de l'Amiral. Par la facilité avec laquelle Costa-Rica fait ainsi, à la fin du dix-neuvième siècle, des conquêtes sur le papier, on peut juger des libertés que pouvaient prendre, il y a deux cents ans, les gouverneurs et les colons lorsqu'ils exposaient au Roi leurs découvertes et sollicitaient des capitulations.

Au commencement du dix-huitième siècle, les documents nous parlent encore, à maintes reprises, de ces Indiens Guaymies dont se sont déjà occupés les gouverneurs de Veragua. C'est toujours l'Audience de Panamá qui a mission de les réduire. En 1707, une Cédule royale charge l'Évêque de Panamá d'informer sur les résultats de la pacification des Guaymies dans la région « qui est à découvrir depuis cette province jusqu'à celle de Nicaragua ». En 1714, même avis donné aux Président et Auditeurs de Panamá. Un délégué est envoyé dans la Province de Veragua. Mais les Guaymies restent réfractaires à tous les essais de civilisation; et, en 1716, 1717, 1719, l'Audience de Panamá reçoit, de nouveau, des instructions pressantes. Enfin, en 1736, le gouverneur de Terre-Ferme rend compte, par lettre, de l'état des missions dans ce district et dit que ceux des Indiens Guaymies, Doraces et autres qui occupaient les plages de la mer du Nord, depuis l'Escudo de Veragua jusqu'à la province de Costa-Rica, ont été forcés de se retirer sur les versants opposés des montagnes, poursuivis par les Mosquitos. Par conséquent, les Indiens Guaymies et les Doraces avaient jusque-là campé sur les plages de la mer du Nord, à l'ouest de l'Escudo de Veragua, et ils avaient occupé les plages très loin vers l'Occident. Or, tant que les Guaymies et les Doraces avaient ainsi habité autour et au delà de la Baie de l'Amiral, c'était l'Audience de Panamá seule qui avait été chargée de les réduire. Il reste donc bien évident que cette Audience continuait à avoir autorité sur toute la longueur de la côte.

En 1717, le Roi d'Espagne renouvelle la tentative qui avait déjà été faite sans succès en 1550 et qui avait consisté dans le rattachement de l'Audience de Panamá à celle du Pérou.

Déjà, aussitôt la décision prise en 1550, il s'était produit des difficultés provoquées par la distance excessive qui séparait de Lima les territoires de l'ancienne Audience. Les mêmes inconvénients se renouvolèrent aussitôt après la résolution royale de 1717, et, dès 1722, l'Audience de Panamá fut rétablie.

Mais ce qu'il est important de remarquer, c'est qu'en 1717, comme en 1550, c'est l'Audience de Panamá tout entière, dans sa configuration primitive et immuable, qui est rattachée à celle du Pérou.

Et de même, en 1722, c'est l'Audience de Panamá, telle qu'elle existait précédemment, qui est rétablie comme entité distincte.

La Cédule signée, à cet effet, le 21 juillet 1722, est d'un intérêt capital. Aussi croyons-nous devoir en reproduire le texte entier.

CÉDULE N° 78

INSÉRÉE DANS LE TOME LXXXII (page 157)
DU **Cedulario Indico.**

« Balsaïn, le 21 juillet 1722.

« LE ROI,

« Vu que par diverses considérations, je résolus en l'année 1717, parmi d'autres choses, de supprimer l'Audience qui résidait à Panamá, et de transférer le territoire compris dans sa juridiction à celle du Vice-Roi, de l'Audience et du Tribunal des comptes de Lima, tout en laissant le gouvernement politique et l'administration de la justice aux soins de D. Gerónimo Patiño et de D. Josef de la Trinidad, l'un devant rester comme défenseur de mon Trésor royal et s'occuper de la perception des droits de *Media anata*, et du Papier timbré, l'autre de la protection des Indiens et du

Tribunal des biens des défunts et *Asesoria* des Bulles, chacun avec un traitement de 3 000 pesos à l'année et devant s'occuper des affaires alternativement avec les deux notaires de la chambre qui appartenaient à l'Audience. Que dans le cas où ceux-ci eussent été appelés à remplir leurs charges à Lima, qu'ils en éliraient d'autres de leur choix, pour remplir les charges desdits offices; et qu'en outre ils prendraient les autres mesures diverses pour le gouvernement économique, militaire et politique de ce Royaume. Mais dernièrement on a remarqué l'état lamentable auquel a été réduit ce Royaume, en conséquence de la suppression de cette Audience, les lamentations des pauvres, les plaintes du commerce et les clameurs de tout ce district qui considérait comme moralement impossible le recours à Lima, tant en raison de la grande distance que de l'état où se trouvait la Mer du Sud d'être infestée d'ennemis, cela au grand préjudice des habitants de cette Province qui se voyaient obligés d'abandonner leur défense; et ceci, encore plus, à l'occasion des galions, où il s'était offert des cas qui ne pouvaient être résolus que par l'autorité d'un tribunal, et comme il n'y en avait pas, en ce Royaume, pour les nombreuses instances qui se jugent en de telles occasions, on les avait laissées sans suites, en raison des frais des procès, au grand préjudice de leurs intérêts. De ces inconvénients et d'autres qui peuvent résulter du manque d'Audience à Panamá, on peut craindre, avec raison, car il n'est guère facile à l'Audience de Lima, à une si grande distance, de pouvoir appliquer des mesures promptes dans les circonstances qui s'offriraient en cette Province (de Panamá). Pour cette considération et désirant les plus grands soulagement, bien et satisfaction de mes vassaux, j'ai résolu que, dans ladite cité de Panamá, Province de Terre-Ferme, on rétablisse à nouveau l'Audience **telle qu'elle était auparavant et selon la forme où cela eut lieu à l'époque de sa première érection et ainsi qu'il est dit en la Loi IV, Titre XV, du Livre II de la Recopilación de Indias,** avec un Président, Gouverneur et Capitaine général, quatre Auditeurs qui soient en même temps Alcades au criminel et un fiscal, et que l'on rétablisse les autres Ministres et Officiers nécessaires, ainsi que cela existait antérieurement; que les uns et les autres jouissent des mêmes traitements indiqués pour les charges respectives, faisant remarquer seulement que le Président, bien que portant la toge, devra exercer la charge de Commandant des armes de la Province de Terre-Ferme, tout en restant subordonné, comme cela avait lieu, avant la suppression de l'Audience, à la Vice-Royauté du Pérou. Pour ce j'ordonne que tout ce qui est dit (plus haut) soit observé d'une manière précise par tous et par chacune des personnes à qui il appartiendrait ou à qui il pourrait appartenir de le faire mettre à exécution effective en raison de ce que cela est si convenable au service de Dieu et au mien, ainsi qu'au bien des sujets de ces provinces. — Yo El Rey. — Par ordre du Roi, notre Seigneur : D. Francisco de Arana.

« Don Juan Gualberto López, Valdemorro y Quesada, Comte de Las Navas, Licencié en droit civil et canonique, Archiviste, bibliothécaire et antiquaire, Commandeur ordinaire de l'ordre royal et distingué de Carlos III, Majordome de semaine et Bibliothécaire en chef de S. M. le Roi d'Espagne, etc., etc.

« Je certifie que la copie de la Cédule royale précédente, n° 78, insérée dans le tome 82, p. 157 du grand *Cedulario Indico* que l'on garde à la section des manuscrits de cette Bibliothèque Royale, dont je suis chargé, concorde aussi bien pour le texte que pour sa rédaction graphique entièrement avec l'original. Et pour qu'il en soit constant en toutes circonstances, je délivre la présente signée de ma main, sous le sceau en cire de cette charge Royale littéraire. Donnée au Palais de la *Plaza del Oriente* à Madrid, le vingt-cinquième jour du mois de mai de l'année de grâce mil huit cent quatre-vingt-dix-neuf. Le Bibliothécaire en chef de S. M. le Roi d'Espagne : El Conde de Las Navas. »

Ainsi, c'est dans la forme qu'elle avait lors de la première érection, que l'Audience de Panamá est rétablie en 1722. Et une fois de plus les Lois des Indes se trouvent solennellement consacrées, une fois de plus il est établi que la Loi IV reste en vigueur et que c'est elle qui détermine souverainement les limites de l'Audience de Panamá.

Le 20 août 1739 fut définitivement constituée, par Cédule Royale, la Vice-Royauté de Santa-Fé, dont le territoire appartient aujourd'hui à la République de Colombie.

Déjà en 1680, à côté de l'Audience de Panamá, avait été organisée, par la Loi VIII, Titre XV, Livre II, de la Recopilación de Indias, l'Audience de Santa-Fé de Bogotá (voir *Exposé de M. Silvela*, p. 29).

En 1739, il est décidé que l'Audience de Panamá subsistera telle qu'elle était (*Exposé Silvela,* p. 33), mais que toutes les provinces qui composaient cette Audience seront incorporées dans la Vice-Royauté de Santa-Fé (*ibid.*, p. 33). L'Audience est désormais subordonnée au Vice-Roi; mais, en entrant dans cette dépendance, elle conserve naturellement sa configuration antérieure et elle entraîne avec elle, sous l'autorité nouvelle de la Vice-Royauté de Santa-Fé, l'ancienne Province de Veragua, qu'elle n'a jamais cessé de comprendre dans ses limites.

L'érection de la Vice-Royauté de la Nouvelle-Grenade est une des plus importantes réformes que l'Espagne ait réalisées en Amérique, dans le courant du dix-huitième siècle.

Après avoir traversé, pendant le dix-septième siècle, des épreuves qui l'avaient cruellement affaiblie, l'Espagne était entrée dans une ère de relèvement. Ses armées et sa marine étaient réorganisées, ses finances restaurées, son autorité morale et matérielle rétablie et fortifiée.

Ce fut l'heure où les colonies espagnoles américaines commencèrent à connaître vraiment les bienfaits de la civilisation. Elles atteignirent rapidement un haut degré de prospérité.

La Vice-Royauté de la Nouvelle-Grenade, notamment, devint aussitôt un foyer très important d'activité économique. L'union des provinces qui la composaient, déjà assurée par les conditions géographiques et ethnographiques, par la nature des choses et par la communauté des intérêts, fut cimentée par la résistance aux attaques des Anglais, par le courage déployé dans la défense de Carthagène, et par le développement du patriotisme local.

Nous allons voir, dorénavant, la Vice-Royauté de la

Nouvelle-Grenade jouant un rôle important dans toutes les affaires de l'Amérique centrale.

La Cédule de 1739 est, en effet, l'origine de toute l'organisation coloniale moderne. Les textes que nous avons cités jusqu'ici déterminent les anciennes juridictions et montrent les sources historiques auxquelles la Colombie a puisé ses titres de propriété sur la Province de Veragua. Mais le point de départ du droit moderne est cette Cédule Royale de 1739.

Que, par cette Cédule, la Province de Veragua ait été, avec toute l'Audience de Panamá, incorporée dans la Vice-Royauté de Santa-Fé, c'est ce qui ne peut être l'objet d'aucun doute.

La Cédule dit formellement : « *J'ai résolu, en consultation avec ledit mon Conseil, que l'on rétablisse ou érige de nouveau ladite Vice-Royauté du Nouveau Royaume de Grenade dont le Vice-Roi, que j'y nommerai, sera en même temps Président de mon Audience royale de ladite cité de Santa-Fé, Gouverneur et Capitaine général de la juridiction de ce nouveau royaume et des provinces que j'ai décidé de réunir à cette Vice-Royauté et qui sont celles de Chocó, Popayan... et les provinces de Panamá, Portobelo, VERAGUA et Darien, avec toutes les cités, villes et lieux, et les ports, baies, mouillages, anses et autres y appartenant sur l'une et l'autre mer, en Terre Ferme* ». Et plus loin : « *J'ai résolu qu'il y aurait trois commandants généraux pour tous ces districts, lesquels étant soumis au Vice-Roi, comme les autres, doivent avoir la suprématie sur les autres, et ceux-ci doivent être : le Gouverneur-Président de Panamá ayant suprématie sur les commandants de Portobelo, du Darien, de VERAGUA et de Guayaquil : le Gouverneur de Carthagène ayant suprématie sur ceux de Santa-Marta et Rio del Hacha, etc.* »

Voilà donc l'Audience de Panamá, dans toute son étendue, dépendant désormais de la Vice-Royauté de la Nouvelle-Grenade.

Aussi, en 1745, lorsque le fort de la Concepcion, sur la rivière de San-Juan de Nicaragua, est menacé par les Anglais, ce sont deux compagnies de grenadiers qui sont détachées de la Havane pour porter renfort; et le Président de l'Audience de Panamá, D. Dionisio de Alcedo y Herrera écrit au Vice-Roi de Santa-Fé, D. Sebastian de Eslava, pour l'informer de l'arrivée, à Chagres, de ces deux compagnies.

De même, en 1752, lorsqu'il s'agit de nommer un Gouverneur de Veragua, c'est le Vice-Roi qui, en vertu d'une Cédule Royale du 22 avril 1751, désigne D. Santiago Gutiérrez.

De même, en 1754, c'est au Vice-Roi de Santa-Fé, D. José Solis Folch de Cardona, qu'écrit le Gouverneur de Panamá, D. Manuel Montiano, à propos des mesures qu'ont rendues nécessaires les exactions des Indiens Mosquitos.

Les dépêches échangées à ce sujet entre les Gouverneurs successifs de Panamá et le Vice-Roi de la Nouvelle-Grenade, se renouvellent, du reste, fréquemment, le 8 avril 1757, le 28 mars 1767, le 1er juin 1769, le 22 juillet 1769, etc. La situation créée au Veragua par les Mosquitos est telle que le Vice-Roi de Santa-Fé en réfère au Roi lui-même, et des ordres royaux interviennent le 8 novembre 1760 et le 17 juin 1761 qui montrent bien la juridiction de la Vice-Royauté sur la côte de Mosquitos ou côte de Veragua.

Toutefois, certaines circonstances entravèrent alors l'exécution régulière de la Cédule royale de 1739.

Le 14 décembre 1763, le Roi avait retiré au Gouverneur de Panamá certaines prérogatives anciennes dont il continuait à jouir, sous la souveraineté du Vice-Roi. Le Gouverneur de Portobelo, D. Manuel de Agreda, qui était, en vertu de la Cédule de 1739, subordonné à celui de Panamá, prit prétexte de la nouvelle décision royale pour refuser l'obéissance à son supérieur. Il fallut l'intervention du Roi pour réprimer cet acte d'indiscipline.

Le 24 juillet 1766 fut rendue une Cédule royale ainsi conçue : « **Le Roi.** — *J'en suis venu à déclarer que les Gouverneurs de Portobelo*, **Veragua** *et des autres provinces que comprenait l'Audience supprimée de Panamá, soient subordonnés, au point de vue politique et militaire, au Gouverneur général de cette capitale, pourvu qu'ils l'eussent été au moment où ces charges étaient réunies à celle de Président de ladite Audience.* » (Documents de la Colombie.)

Cette Cédule ne faisait que confirmer celle de 1739. La volonté royale persistante était donc bien que le Gouvernement de Veragua dépendît de celui de Panamá et que celui de Panamá dépendît de la Vice-Royauté de la Nouvelle-Grenade.

Les autres incidents qui avaient contrarié l'application paisible de la Cédule de 1739 avaient été soulevés par le système alors suivi pour catéchiser les tribus sauvages qui occupaient la partie occidentale de Veragua.

Depuis la frontière de Costa-Rica, c'est-à-dire depuis le Rio Boruca ou Rio grande de Térraba sur lequel se trouvait le village de mission de San-Francisco, jusqu'aux missions de Chiriqui, à l'Est de la Pointe Burica, sur le Pacifique et, d'autre part, dans les vallées qui débouchent vers l'Atlantique, se trouvaient, comme nous l'avons déjà vu, éparses au siècle passé les différentes tribus désignées sous les noms de Cotos, Borucas, Guaymies, Dolegas, Changuenes, Doraces et celles connues sous la désignation de « Norteños ».

Les Révérends Pères missionnaires du collège de Propaganda fide, dont le siège principal était la cité de Cartago, s'occupaient d'ordinaire de catéchiser tous ces infidèles. Mais il leur fallait parcourir des distances très considérables et traverser, dans les Cordillères, des passages très difficiles pour venir exercer ainsi leurs missions dans la Province de Veragua. C'est pourquoi ils avaient fondé, sur la frontière même, le village de San-Francisco de Terraba.

Aux termes des Lois des Indes, tous les gouverneurs étaient obligés de fournir des troupes pour la défense du royaume ainsi que pour la soumission des Indiens. Le choix de cette localité de San-Francisco, sur la limite des deux gouvernements de Veragua et de Costa-Rica, avait alors de grands avantages pour les missionnaires. Il leur permettait de solliciter alternativement ou cumulativement l'appui des autorités de Guatemala et de Panamá. Les gouverneurs de Costa-Rica n'étaient pas fâchés de saisir les occasions qui leur étaient offertes d'empiéter sur les territoires de la province voisine et espéraient, sans doute, que le fait pourrait, tôt ou tard, fonder le droit : ils refusaient rarement les interventions qui leur étaient demandées.

Interventions qui, du reste, malgré le zèle des

missionnaires, restaient le plus souvent inefficaces par la faute et la cupidité de ces gouverneurs.

Par ces raisons, l'œuvre de pacification n'avançait pas. Le Père gardien des Récollets de Guatemala offrit alors, expressément, au Vice-Roi de Santa-Fé, Don Pedro Mesia de la Cerda, la collaboration de son collège pour la réduction des tribus indigènes; le gouverneur de Veragua, D. Félix Francisco Bejarano, appuya chaleureusement la proposition des Pères Récollets et une junte générale des tribunaux, réunie à Bogotá, fut appelée à délibérer sur la question. Les Pères de la Compagnie du collège de Panamá renoncèrent à leurs droits et la junte conseilla au Vice-Roi de confier au collège des Récollets de Guatemala, dont les missionnaires résidaient, comme nous l'avons dit, à San-Francisco de Térraba, le soin de catéchiser, sur les confins, toutes les tribus indigènes de Veragua.

C'était donc bien toujours la Vice-Royauté qui exerçait son autorité sur cette région et qui faisait appel aux missions franciscaines de la province voisine.

Le Vice-Roi adopta l'avis de la junte et le Roi d'Espagne, à son tour, ratifia cette décision par Cédule royale du 8 juillet 1770.

Cette Cédule, qui a été présentée en exemplaire authentique à la Commission d'étude, est ainsi conçue: « Le Roi, Vice-Roi, gouverneur et capitaine général du Royaume de la Nouvelle-Grenade et Président de notre Audience royale qui réside en la cité de Santa-Fé. Le Père gardien et directeur du collège de Propaganda fide de « Cristo-Crucificado » de l'ordre de Saint-François de la cité de Guatemala, m'a représenté... Et ce, vu en notre Conseil des Indes, avec ce que la Trésorerie générale a rapporté pour son intelligence sur les antécédents de l'affaire, vu l'exposé fait par mon procureur fiscal et moi, ayant été consulté le 10 mai de cette année, j'ai résolu, entre autres choses, d'approuver et de confirmer la remise et l'assignation que vous avez faites audit collège de Cristo-Crucificado de l'ordre de Saint-François, de la cité de Guatemala, de l'instruction, catéchisation et réduction des Indiens infidèles des quatre tribus : Changuenes, Dorasques, Dolegas et Guaymies *qui habitent dans la juridiction de Panamá, sous le gouvernement de Santiago de Veragua*, et confinent avec les missions de la Talamanca, non seulement en raison du droit acquis par le même collège, en vertu de l'application qui lui fut faite desdites missions par Cédule royale du 21 mai 1738, mais aussi en raison de l'importance qu'il y a de propager notre sainte foi catholique, etc...»

Et le Roi décide que les religieux seront rémunérés sur les caisses des finances royales de Panamá.

En confiant aux missionnaires de Guatemala le soin de catéchiser ces tribus, le Roi ne dépossédait pas le Vice-Roi de la Nouvelle-Grenade de son autorité sur les territoires qu'elles occupaient. En fait, ce fut surtout l'autorité ecclésiastique qui fit sentir son influence dans cette région. Mais, en droit, la Vice-Royauté de la Nouvelle-Grenade conservait ses prérogatives et elle s'en servit pour trancher les questions les plus importantes. C'étaient ses finances, d'ailleurs, qui rétribuaient les missions, et c'était, par conséquent, pour son compte, que celles-ci opéraient.

Voici, par exemple, en 1774, un rapport de la comptabilité du Conseil des Indes, sur la fondation d'un village d'Indiens Changuinas, dans la Province de Verágua, sous le nom de Jésus de Maravillas. Le

Vice-Roi de Santa-Fé donne ordre au gouverneur de Panamá de fournir les objets les plus nécessaires à cette fondation, et le Conseil des Indes approuve son avis (4 novembre 1774).

Voici le 21 décembre, une Cédule royale adressée au Vice-Roi de Santa-Fé sur l'établissement d'un village d'Indiens Changuinas à Veragua.

Voici, les 28 juillet et 16 septembre 1775, des dépêches de D. Pedro Carbonell, gouverneur de Panamá, au Vice-Roi de Santa-Fé, au sujet des Indiens Mosquitos et des Anglais établis sur la côte de ce nom.

Et ce n'est pas tout. Le 27 février 1776, le Vice-Roi de Santa-Fé écrit de Carthagène, en vertu d'un ordre royal du 22 septembre 1775, pour obtenir des informations au sujet des établissements qu'ont tentés de former des particuliers anglais sur la Côte de Mosquitos; il donne des instructions au commandant de l'expédition D. Manuel Gastelu; puis il revient encore sur la question dans une lettre du 15 avril.

Le 31 juillet 1776, le gouverneur de Panamá annonce au Vice-Roi que le Roi des Mosquitos a demandé la paix. Le 30 octobre et le 12 décembre de la même année, il correspond encore avec le Vice-Roi au sujet de ce qui se passe sur la côte de Mosquitos. La paix est faite. Les Indiens se déclarent soumis. Don Francisco de Vargas a fait, par ordre du Vice-Roi, la reconnaissance de la côte. Mais la ratification de la paix est retardée par la maladie du Roi des Mosquitos, et l'échange de dépêches se prolonge pendant quelques années. C'est seulement le 20 janvier 1785 qu'un ordre royal prescrit la cessation des hostilités contre les Indiens Mosquitos. L'Archevêque, Vice-

Roi de Santa-Fé, accuse réception de cet ordre le 15 avril 1785.

Les autres tribus indiennes continuaient en même temps à faire parler d'elles dans la Province de Veragua. Le gouverneur de Panamá entretient, le 15 novembre 1786, le Vice-Roi de Santa-Fé, des Doraces et Changuinas. Une révolte de ces derniers motive, le 22 mai 1787, une lettre du gouverneur de Veragua. Puis ce sont d'autres Indiens qui se soulèvent dans la province de Chiriqui, et, le 10 novembre 1787, le commandant général de Panamá est encore forcé de s'adresser au Vice-Roi.

Mais les préoccupations les plus graves de la Vice-Royauté étaient causées par les établissements des sujets britanniques et par les menaces d'extension qu'on sentait venir de la part des Anglais.

En 1779, D. José de Galvez, ministre de Sa Majesté, avait écrit, de San-Ildefonso, au Vice-Roi de Santa-Fé, pour lui signaler les apprêts belliqueux des Anglais qui voulaient s'emparer de San-Juan de Nicaragua et s'ouvrir un passage vers la Mer du Sud.

En 1785, l'Archevêque, Vice-Roi de Santa-Fé, reçoit un rapport confidentiel d'un agent secret qu'il a à la Jamaïque, sur les projets des Anglais à la côte de Mosquitos.

La même année, le Vice-Roi prévient le Roi de la publication d'un atlas anglais qui représente la Mosquitie s'étendant depuis le Cap de Gracias-à-Dios jusqu'à l'embouchure du fleuve Chagres.

Les troupes du Vice-Roi font des préparatifs pour défendre la rivière San-Juan ou du Desaguadero. Puis la situation se détend un peu; et le 20 mai 1792, un ordre royal de Sa Majesté Catholique autorise les

Anglais des îles de San-Andrès, Vieille-Providence et autres contiguës, à y rester, sous condition de prêter serment de vasselage et de fidélité au Roi.

Mais, bientôt, l'alerte est de nouveau donnée. En 1799, une frégate anglaise est aperçue dans les parages de la côte. Le gouverneur de Veragua en informe confidentiellement le commandant général de Panamá, qui en avise le Vice-Roi.

Ainsi, au dix-huitième siècle, chaque fois que des troubles éclatent ou menacent d'éclater dans toutes ces régions, le Vice-Roi en prend la défense. C'est lui qui ratifie la paix signée avec les Mosquitos. C'est lui qui approuve les mesures prises par les gouverneurs de Panamá et de Veragua contre les Indiens Bugabas, Changuenes, Chalibas, Cotos et Borucas. C'est lui qui prend, à son tour, les mesures nécessaires pour repousser l'ingérence des Anglais.

A aucun moment, d'ailleurs, la Mosquitie n'avait été légalement séparée de la province de Veragua.

A aucun moment elle n'avait été, par un acte royal quelconque, réunie à la Capitainerie générale de Guatemala. Les quelques exemples que nous venons de citer et que nous aurions pu multiplier, prouvent que, même en fait, ce n'était pas cette Capitainerie générale de Guatemala qui fournissait à la côte de Mosquitos aide et protection. Il y avait cependant encore, de la part des autorités de Guatemala, des velléités d'immixtion, analogues à celles que le Roi d'Espagne avait déjà été amené à réprimer un siècle auparavant. Ces tiraillements nuisaient à la bonne marche des affaires publiques. Aussi les habitants de San-Andrès et de San-Luis de la Providencia, appuyés par le gouverneur de Panamá, demandaient-ils au Roi d'Espagne de soustraire définitivement à l'action irrégulière des autorités de Guatemala la Mosquitie et les îles adjacentes et de les soumettre, d'une manière irrévocable et positive, à la seule et exclusive suprématie du Vice-Roi de Santa-Fé.

Le Roi accueillit favorablement cette pétition et, en 1803, il exprima solennellement l'ordre que les îles de l'archipel de San-Andrés et la partie de la côte de Mosquitos, depuis le Cap de Gracias-à-Dios vers Chagres, resteraient dans la juridiction de la Vice-Royauté de Santa-Fé.

C'était, en somme, la consécration du droit antérieur et des faits eux-mêmes demeurés, dans leur ensemble et sauf quelques exceptions accidentelles, conformes au droit.

L'ordre royal s'exprime ainsi :

« Le Roi a résolu que les îles de San-Andrés et la « partie de la côte de Mosquitos, depuis le Cap de « Gracias-à-Dios inclusivement, dans la direction du « Rio-Chagres, *restent séparées* de la Capitainerie « générale de Guatemala et dépendantes de la Vice-« Royauté de Santa-Fé. »

L'acte royal emploie intentionnellement les mots « restent séparées » qui indiquent que déjà auparavant les territoires visés étaient réunis à la juridiction de la Vice-Royauté de la Nouvelle-Grenade, et qu'il n'y avait, dans la décision de 1803, que la confirmation d'un état antérieur.

Qu'était-ce, en effet, que cette côte de Mosquitos? C'était toute la côte située à l'ouest du Cap Gracias-à-Dios vers Omoa et au sud-est du même cap vers le Rio-Chagres. C'était donc, pour cette seconde section, l'ancienne côte de Veragua qui faisait partie de Terre-

Ferme et qui avait été expressément comprise dans l'Audience de Panamá.

Qu'on se rappelle la Cédule signée le 2 mars 1537 par Charles-Quint : « La Province de Veragua se « trouve sur la côte de Terre-Ferme de nos Indes de « la mer océane, depuis le point où se terminent les « limites de la Castille-d'Or... jusqu'au Cap de Gra- « cias-à-Dios. »

La Cédule royale de 1537, c'est le point de départ; l'ordre royal de 1803, c'est le point d'arrivée.

Ces deux décisions concordantes sont soutenues et corroborées, dans l'intervalle qui les sépare, par le texte formel de la Loi des Indes.

L'ordre royal de 1803 fut communiqué, en temps opportun, au Vice-Roi de Santa-Fé et au Capitaine général de Guatemala. C'est la dernière décision souveraine concernant les territoires contestés. C'est par lui et avec lui que se ferme la chaîne de notre démonstration.

La signification de cet acte royal ne peut sincèrement être contestée. Costa-Rica a, il est vrai, prétendu qu'il ne comportait qu'une mesure militaire. Mais les expressions « restent séparées » (les îles et la côte) ne laissent prise à aucun doute: elles s'appliquent bien à des délimitations administratives, à des démarcations de territoires. Vainement Costa-Rica s'ingénie-t-il à démontrer (N. 196, p. 214) que cet ordre royal ne peut être un *acte translatif de domaine*. Il n'y avait pas à *transférer* à la Vice-Royauté de Santa-Fé un domaine qu'elle tenait de toutes les décisions royales rendues depuis 1537. Il suffisait d'un acte *déclaratif*, maintenant les domaines tels qu'ils étaient légalement constitués ; et c'est ce qu'est effectivement l'ordre royal de 1803.

Costa-Rica sent, d'ailleurs, si bien l'impossibilité d'équivoquer longtemps sur le texte, qu'il essaye d'affaiblir l'effet de l'ordre royal de 1803 par les deux allégations suivantes :

Il prétend que cet acte n'avait pas force législative;

Il soutient, en second lieu, que cet acte aurait été légalement abrogé.

Sur le caractère juridique de l'ordre royal de 1803, M. Silvela a donné, avec sa haute compétence en droit espagnol, des explications décisives (p. 42 et suivantes).

Il a montré qu'en 1803 le pouvoir législatif résidait, sans aucune limitation, dans la personne du Monarque et qu'il en avait été de même pendant toute la période historique qui s'étend depuis la découverte de l'Amérique jusqu'à la naissance des nationalités indépendantes.

Il a montré également que ni les Lois des Indes, ni les autres lois du Royaume, n'avaient établi de différences juridiquement appréciables dans la forme des résolutions royales; que, sans doute, les *Provisions*, c'est-à-dire les ordres expédiés par le Conseil *agissant comme tribunal*, devaient être signées par les membres dudit Conseil; mais que cette formalité ne donnait pas à ces actes une valeur supérieure à celle des autres décisions souveraines, et que le pouvoir demeurait absolu dans ses manifestations diverses. Faut-il rappeler que ces principes sont entièrement établis par la Loi XII, Titre I, Livre I, par la Loi III, Titre II, Livre III de la « Novisima Recopilación » ; qu'ils ont été maintes fois consacrés par le Tribunal suprême de Madrid, notamment par les sentences du 25 novembre 1864 et du 27 mai 1858 (Exposé Silvela, p. 43); qu'ils sont reconnus constants par les auteurs espagnols, et que notamment Alcubilla, dans son Dictionnaire de l'Administration espagnole, déclare qu'il n'y a pas de différence essentielle entre les Cédules royales, les Pragmatiques et les autres actes royaux?

Costa-Rica reconnaît, du reste, expressément (p. 240, n° 212), que le pouvoir législatif « émanait du Souverain ». Il est vrai qu'après cet aveu, il confond d'une part un « *real orden* » avec une simple disposition ministérielle (p. 244, n° 216), et, d'autre part, les Cédules royales avec les *provisions et arrêtés de justice* (p. 241, n° 212).

Il importerait peu, à la vérité, qu'un ordre royal fût, comme le veut Costa-Rica, impuissant à abroger une Cédule royale, puisque aussi bien l'ordre royal de 1803, au lieu d'abroger des Cédules antérieures, confirme simplement celles de 1537, 1563, 1568, 1722 et 1739.

Mais la valeur constitutionnelle de l'ordre royal n'est, nulle part, dans la législation espagnole, déclarée inférieure à celle de la Cédule ; et alors même que la décision de 1803 aurait innové, elle devrait avoir force législative.

Nous pouvons, à cet égard, signaler à l'Arbitre deux exemples décisifs.

Ouvrons la cinquième édition officielle et authentique de la « Recopilación de las Leyes de Indias », publiée à Madrid en 1841. Nous trouvons à la fin de la page 212 du tome I ce qui suit : « Par *ordre royal* du 26 février 1787, on a créé à Cuzco une Audience composée d'un régent, de trois auditeurs et d'un fiscal. » Or on se rappelle que dans l'exposé de M. Silvela (p. 7-11) a été démontrée l'importance de la constitution des Audiences. Les Audiences ont été la véritable organisation coloniale de l'Amérique. Celle de Cuzco a cependant été établie par ordre royal. Il y a donc identité juridique entre l'ordre royal et la Cédule.

Ouvrons maintenant le tome II, page 164, nous y lisons le commentaire suivant à la Loi III, Titre I, Livre V, qui traite de la subordination du Chili au Vice-Roi du Pérou : « Cependant, dans un ordre royal du 15 mars 1798, on déclare indépendant le royaume du Chili, en ajoutant que toujours on avait dû l'entendre ainsi. » L'autonomie d'une entité aussi importante que le Chili a donc été consacrée par un simple ordre royal. C'est une preuve déterminante de l'efficacité de l'ordre royal de 1803. Et nous répétons qu'alors même qu'au lieu de confirmer l'état légal antérieur, cette décision eût inauguré une démarcation nouvelle, elle n'en devrait pas moins être respectée.

Costa-Rica, comprenant qu'il est téméraire de vouloir méconnaître l'effet légal de l'ordre royal de 1803, essaye d'une autre tactique et soutient qu'il est abrogé.

Si cette abrogation avait véritablement eu lieu, rien ne serait plus facile pour Costa-Rica que de produire la décision royale qui a rapporté et aboli celle de 1803.

Costa-Rica ne fait pas cette production, et pour cause. Mais il entre dans une longue discussion pour tenter d'établir hypothétiquement ce qu'il ne peut pas prouver par voie directe.

Cette discussion est vicieuse et incohérente, « car les lois ne peuvent être abrogées que par d'autres lois, et ni la désuétude ni les coutumes ou pratiques contraires ne prévaudront contre leur observation » (art. 5 du Code civil espagnol). Et cette règle du droit espagnol moderne était déjà celle de la Recopilación (III et XI, Titre II, Livre III). Une pragmatique de

Felipe V, édictée à Madrid le 12 juin 1714, avait, en effet, déclaré « *que toutes les lois du Royaume qui n'ont pas été expressément abrogées par d'autres lois postérieures doivent être observées littéralement sans que l'on puisse admettre l'excuse de dire qu'elles ne sont plus en usage.* (Exposé Silvela, pp. 49-52.)

Ainsi tout ordre royal a force de loi et toute loi dure et produit son effet jusqu'à ce qu'elle soit expressément abrogée.

Inutile d'ajouter qu'une abrogation tacite, résultant de l'usage ou de la désuétude, ne se comprendrait même pas pour des dispositions législatives qui ont trait à des organisations coloniales et à des délimitations de provinces.

Dans l'impossibilité de montrer un acte révocatoire quelconque, Costa-Rica cherche à établir que l'ordre royal de 1803 a été considéré comme abrogé par Bancroft, en son histoire, ou par lord Palmerston. Mais le moindre écrit serait préférable à ces témoignages insuffisamment éclairés.

A défaut d'ordre royal dérogatoire, Costa-Rica croit pouvoir puiser une autre présomption en faveur de sa thèse dans le fait que le Souverain espagnol a dû, à un moment donné, recourir aux autorités de Guatemala pour affaires concernant la côte de Mosquitos. C'était à l'heure où la Vice-Royauté de la Nouvelle-Grenade s'insurgeait contre l'Espagne. Le Roi était bien forcé de s'adresser à la colonie voisine. Il exerçait ainsi, dans l'intérêt d'une province qui lui appartenait, un droit de réquisition sur les fonctionnaires de la circonscription limitrophe. Il agissait, en cela, dans la plénitude de pouvoir d'un chef qui commande le service à tels ou tels de ses subalternes, suivant les besoins ou les commodités du moment. Mais, en faisant face à des circonstances exceptionnelles, le Roi n'abolissait pas les décisions qu'il avait prises antérieurement et ne modifiait pas la constitution organique des provinces américaines.

Costa-Rica écrit lui-même (p. 217, n° 197): « *Le Souverain commandait indistinctement, selon les circonstances, aux divers gouverneurs de ses vastes domaines d'Amérique de se porter au secours de ceux qui en avaient besoin*, **sans, pour cela, introduire aucune modification dans l'administration intérieure ou dans la démarcation des gouvernements ainsi secourus.** »

Costa-Rica invoque encore, dans le sens de la prétendue abrogation de l'ordre royal, l'ouverture au commerce du port de Matina, demandée en 1811 par D. Florencio del Castillo, député de Costa-Rica, et accordée par les Cortès le 11 décembre.

Mais il faut remarquer que cette demande s'est produite après la proclamation d'indépendance de la Vice-Royauté de Santa-Fé et en un moment où se posaient à nouveau, par suite des événements, toutes les questions de frontières.

L'ouverture au commerce ou habilitation d'un port n'implique pas, du reste, l'incorporation de ce port dans la province qui doit bénéficier de la franchise. C'est là une servitude qui peut s'exercer, sans qu'il y ait démembrement de la souveraineté administrative.

Au surplus, Costa-Rica s'est lui-même chargé de démontrer que l'ordre royal de 1803 avait été exécuté et non abrogé. Il a en effet cité, comme preuves, deux ordres royaux, l'un de 1806, l'autre de 1808, qui se tournent absolument contre lui.

Avant d'examiner ces actes, rappelons qu'on donnait alors le nom de Côte de Mosquitos à toute la partie du littoral qui avait été le théâtre des incursions des Indiens de ce nom, c'est-à-dire aussi bien à la partie qui s'étendait à l'Ouest du Cap de Gracias-à-Dios, dans la direction d'Omoa, qu'à la partie située dans le sens de Veragua.

Or l'ordre royal du 13 novembre 1806 porte : « Le « Roi, informé par les lettres de Votre Seigneurie, « en date du 3 mars 1804, nos 416 et 417, et par « les documents annexes de la création de deux al- « caldes ordinaires et d'un syndic procureur dans la « *colonie de Trujillo* (à l'Ouest du Cap de Gracias-à-Dios) « et de la question soulevée par le colonel D. Ramon « Anguiano, *gouverneur intendant général de Comaya-* « *gua*, qui prétend exercer, d'après l'ordonnance de la « Nouvelle-Espagne, le pouvoir d'Intendant *dans les* « *établissements de la côte de Mosquitos* et en être le seul « chef avec entière indépendance dans les quatre « causes de justice, police, finances et guerre, comme « les Présidents de Guatemala dans les nouvelles « colonies, Sa Majesté a décidé que c'est Votre Sei- « gneurie qui doit s'occuper exclusivement de toutes « les affaires qui pourraient se présenter *dans la colo-* « *nie de Trujillo* et dans *les autres postes militaires de* « *la côte de Mosquitos* concernant les quatre causes « ci-dessus, *en exécution des ordres royaux rendus depuis* « *l'année 1782*, qui l'autorisent à occuper, défendre et « coloniser cette côte jusqu'à ce que, ces objets étant « réalisés en tout ou en partie, Sa Majesté juge « à propos de changer le système actuel, etc. »

Costa-Rica cite cet ordre royal, mais il se garde

bien de reproduire les lettres n°s 416 et 417 que l'ordre vise et qui en précisent le sens.

Antonio Gonzalez, gouverneur de Guatemala, avait écrit au Secrétaire d'État de la Guerre pour se plaindre des prétentions de l'Intendant de Comayagua, Don Ramon Anguiano, qui voulait exercer exclusivement le commandement dans les colonies militaires de la côte. Tel est l'objet des lettres 416 et 417 (Archives des Indes de Séville, armoire 100, carton 4, dossier 20).

Dans la première de ces notes, le gouverneur de Guatemala dit : « En ce moment l'Intendant de Co- « mayagua, colonel D. Ramon Anguiano, *sous prétexte* « *que les établissements sont dans le territoire de sa* « *province,* prétend y exercer, etc. » « La province « de Comayagua ne contribue aux établissements des « Mosquitos que par les détachements de ses milices. » Et ailleurs : « De tout ce qui est dit il résulte que ce « qu'il a dit et répète *en ce qui touche les établissements* « *de Honduras* a été confié directement par Sa Majesté « à cette Présidence. » Qu'est-ce à dire, sinon que la dispute entre Anguiano et Gonzalez roulait sur la Mosquitie de Honduras qui appartenait au Guatemala? La Mosquitie de Honduras était incontestablement celle qui se trouvait à l'ouest du Cap de Gracias-à-Dios jusqu'à Omoa. L'ordre royal de 1806, loin de contredire l'ordre royal de 1803, concorde donc parfaitement avec lui. L'ordre royal de 1803 avait dit : « *Le Roi a* « *résolu que les îles de San-Andrés et* **la partie de la** « **côte de Mosquitos depuis le Cap de Gracias-à-** « **Dios, inclusivement vers le Rio Chagres,** *restent* « *séparées de la capitainerie générale de Guatemala et* « *dépendantes de la Vice-Royauté de Santa-Fé.* » Cette expression : « la partie de la côte de Mosquitos de-

« puis, etc. » indique bien que l'autre partie de la côte de Mosquitos, celle qui se trouvait de l'autre côté du Cap de Gracias-à-Dios, restait dépendante de la capitainerie générale de Guatemala. L'Intendant de Comayagua avait donc tort de vouloir y exercer son commandement. C'est ce que déclare l'ordre royal de 1806.

Costa-Rica tire une dernière objection de l'ordre royal du 31 mars 1808 et voici comme il raisonne (p. 265, n° 235) : « La Real orden du 31 mars 1808 « décide que « l'habilitation » du port de San-Juan de « Nicaragua doit être maintenue et que, pour favoriser « le défrichement et la culture des terrains adjacents, « il soit concédé aux habitants les mêmes grâces « accordées *aux nouveaux colons de la côte de Mos-* « *quitos* par Real orden du 20 novembre 1803, en « exemptant aussi de droits et de dîmes, dix années « durant, les fruits qui se récolteraient sur une dis- « tance de dix lieues sur l'une ou l'autre des rives du « fleuve. »

« Eh bien! dit Costa-Rica, ou la *Real orden* de « 1803 était abrogée en ce qui concerne la côte de « Mosquitos ou la zone de vingt lieues de côte com- « prise entre les 11° 27' et les 10° 27' de latitude nord et « dont le point milieu est le fleuve San-Juan ne faisait « plus partie de la côte de Mosquitos. Autrement, il « serait inexplicable qu'on eût concédé en 1808, à une « partie de la côte des Mosquitos, visée par la Real « orden de 1803, des grâces qui lui étaient déjà accor- « dées par celle-ci pour une durée de vingt années et « qui devaient subsister jusqu'en 1823. »

Costa-Rica confond ici, pour les besoins de son argumentation, deux ordres royaux rendus en 1803.

Il a lui-même été forcé de reconnaître que ces deux ordres étaient distincts (p. 212-213, nos 194-195).

Dans un de ces ordres, celui que nous invoquons, le Roi avait décidé que la partie de la côte de Mosquitos, depuis le Cap de Gracias-à-Dios inclusivement, dans la direction de Chagres, resterait séparée de la Capitainerie générale de Guatemala.

L'autre ordre n'intéresse pas le différend actuel. Nous le connaissons par une lettre du Ministre de la Guerre au Ministre des Finances, ainsi conçue :

« Excellence,

« Le Roi a bien voulu approuver que l'*entreprise de* « *coloniser* la côte de Mosquitos soit favorisée comme « Votre Excellence l'a estimé convenable dans sa lettre « du 28 octobre dernier, avec la grâce d'un commerce « libre avec nos colonies, exempt de tous droits d'in- « troduction ou d'extraction et aussi avec l'exemption « pour les colons de la dîme sur leurs récoltes pen- « dant vingt ans, étant stipulé que, ce temps écoulé, « ils ne payeront qu'une demi-dîme. Et je le commu- « nique à Votre Excellence d'ordre du Roi, pour son « intelligence et son exécution. Dieu garde Votre « Excellence de nombreuses années. — Josef-Anto- « nio Caballero. »

Tout le raisonnement de Costa-Rica pèche donc par la base. Car, si l'ordre royal de 1808 contenait l'abrogation implicite de l'ordre royal de 1803, l'ordre royal abrogé ne serait pas celui qui nous intéresse.

Mais il suffit de réfléchir un instant et de lire attentivement les textes pour voir que de l'ordre royal de 1808 ne résulte même pas qu'il faille considérer comme abrogé ou comme inexécuté et tombé en désuétude, celui des ordres royaux de 1803 qui prononçait sur la liberté du commerce.

Le Ministre des Finances avait demandé, en 1803, qu'on favorisât « l'entreprise de coloniser ».

Le Roi avait répondu, en accordant, pour une durée de vingt ans, certaines franchises. A qui? Aux colons qui voudraient s'installer sur la côte, aux *nouveaux colons*.

En 1808, les habitants de San-Juan de Nicaragua, c'est-à-dire les *anciens colons* établis dans ce port, sollicitent une faveur analogue. Et le Roi répond en consentant à ce qu'il soit accordé *aux habitants les mêmes grâces accordées* **aux nouveaux colons** *de la côte de Mosquitos, par l'ordre royal du 20 novembre 1803,* en exemptant de droits et de dîmes, dix années durant, les fruits qui se récolteraient sur une distance de dix lieues.

Ce qu'il y a de piquant, c'est que Costa-Rica reproduit lui-même ce texte (p. 265, n° 235) sans s'apercevoir qu'il détruit tout l'échafaudage de son argumentation.

Le Roi accorde en 1808, pour dix ans, aux habitants de San-Juan des faveurs semblables à celles qu'il a octroyées pour vingt ans « aux nouveaux colons » et la *Real orden* de 1808, loin de tenir pour abrogée la *Real orden* de 1803, la considère comme étant pleinement en vigueur.

Voilà ce que vaut la dernière objection de Costa-Rica, et l'on voit que, pour avoir recours à des moyens aussi faibles, il faut que la partie adverse soit singulièrement dépourvue.

Nous avons donc établi qu'au moment où a été

proclamée l'indépendance, en 1810, la Vice-Royauté de la Nouvelle-Grenade avait autorité sur toute l'ancienne Province de Veragua et sur la côte de Mosquitos jusqu'au Cap de Gracias-á-Dios. Tel était en 1810, et tel était, du reste, également en 1821, l'*Uti possidetis de jure*.

Dans un rapport de la comptabilité générale du Conseil des Indes, rédigé le 10 août 1815, au sujet de diverses demandes présentées par le député de Panamá, D. Juan-José Cabarcas, est décrit avec de très intéressants détails l'état de la Province de Panamá. On y énumère un certain nombre de villes et de ports soumis aux gouvernements du Darien, de Portobelo, de Veragua et de l'Alcaldia mayor de Natá et l'on y parle de l'établissement de plusieurs villages sur la côte nord, notamment d'un village situé près de l'Escudo de Veragua et d'un autre qui se trouvait aux Bocas del Toro ou à la Baie de l'Amiral. On ne mettait pas en doute que le littoral de cette Baie relevât de la Province de Veragua.

C'est donc toujours le même état légal qui persiste après la proclamation de l'indépendance. Aussi, le 5 juillet 1824, un décret du Gouvernement Colombien déclare-t-il « que la côte de Mosquitos, depuis le Cap de Gracias-á-Dios inclusivement, vers le fleuve Chagres, revient en domaine et propriété à la Colombie ».

Le traité du 15 mars 1825, qui fut passé entre la Colombie et les Provinces-Unies du Centre-Amérique, vint à son tour consacrer cet état légal.

Il eut, en effet, pour objet d'obliger les Provinces-Unies du Centre-Amérique à reconnaître les droits conférés par le Souverain espagnol à la Vice-Royauté de la Nouvelle-Grenade sur la côte des Mosquitos.

La Colombie savait, à cette époque, que le Centre-Amérique aspirait à un agrandissement territorial qui lui donnerait la possession exclusive de la rivière de San-Juan, et c'est en vue de mettre obstacle à ces prétentions que le traité fut négocié.

Les premiers pourparlers eurent lieu en 1824, soit sous forme de correspondance échangée entre le Secrétaire des Affaires étrangères de Colombie et le Ministre plénipotentiaire des Provinces-Unies, soit dans des conférences verbales entre les Représentants des deux pays.

Le Représentant de la Colombie, D. Pedro Gual, fit à D. Pedro Molina, Ministre plénipotentiaire du Centre-Amérique, les déclarations suivantes :

« Le gouvernement de la Colombie était, dit-il, « résolu à ne pas abandonner ses droits, à moins de « concessions mutuelles à consigner dans un traité « spécial de limites. Si M. Molina avait des instructions « pour entrer en une pareille négociation, la Colom-« bie consentirait à établir sa ligne frontière dans cette « région, depuis l'embouchure de la rivière San-Juan « jusqu'à sa source, dans le lac de Nicaragua. Là on « choisirait un point pour continuer, vers le Sud, la « ligne de démarcation qui aboutirait au golfe Dulce, « dans l'Océan Pacifique. De cette manière, continuait « le Représentant de Colombie, il resterait à Guate-« mala ce qu'il y a de meilleur et de plus peuplé dans « la province de Costa-Rica, du côté du Sud, et toute la « côte des Mosquitos, depuis la rive Nord du San-« Juan, en amont. On pourrait alors stipuler que la « navigation de la rivière San-Juan et du lac de Nica-« ragua serait commune aux deux parties.

« M. Molina répondit qu'il n'avait pas d'instruc-
« tions pour cette négociation et, sur cette réponse,
« le Représentant de la Colombie conclut qu'il fallait
« en rester, au sujet des limites, à l'*Uti possidetis de*
« *jure*. »

Dans ces conditions, M. Gual fut chargé de préparer le texte du traité et, avant sa signature, il adressa, le 11 mars 1825, la note suivante au Représentant du Centre-Amérique : « Monsieur, j'ai l'hon-
« neur de vous transmettre une copie de l'ordre
« royal espagnol (celui du 20 novembre 1803) dont
« nous avons parlé hier et les gazettes nos 145 et 157,
« qui contiennent le décret du Pouvoir exécutif inter-
« disant la colonisation par des aventuriers non auto-
« risés sur les côtes incultes de la Colombie et plus
« spécialement sur celle des Mosquitos, et une
« réponse à l'Amiral de la Jamaïque qui réclamait le
« trafic sur ces côtes au nom des négociants et des
« assureurs de Kingston. Par cette dernière communi-
« cation, dont la teneur a été acceptée par le Gou-
« vernement britannique, la Colombie conserve, non
« seulement ses droits de possession et de haute sou-
« veraineté sur ladite côte, mais pratiquement ceux du
« commerce et de la réglementation dudit commerce,
« soit entre les habitants et les nationaux, soit entre
« les habitants et les étrangers. Je vous envoie ces
« documents pour servir ce que de droit (littérale-
« ment, *pour ce en quoi ils peuvent influer*) dans le cours
« de la négociation qui est pendante entre nous. Avec
« les sentiments de la plus parfaite considération, j'ai
« l'honneur de me dire à nouveau votre très dévoué
« et obéissant serviteur.

« PEDRO GUAL. »

Le traité fut signé le 15 mars 1825 et il fut stipulé dans l'article 9, qu'on ne pouvait fonder d'établissements sur les côtes ci-dessus indiquées, « *sans avoir* « *obtenu auparavant la permission du gouvernement au-* « *quel elles correspondent en domaine et propriété* ».

Les mots « domaine et propriété » étaient intentionnellement employés pour opposer la possession de droit, l'*Uti possidetis de jure*, à la possession de fait, à la possession précaire de la République des Provinces-Unies du Centre-Amérique, contre laquelle protestait la Colombie.

Le traité de 1825 a donc été signé pour sauvegarder les droits de cette dernière; et les droits qu'elle invoquait en 1825 contre le Centre-Amérique, dont faisait partie le Costa-Rica, sont absolument ceux dont elle demande aujourd'hui la consécration.

Il faut toutefois ajouter que le traité additionnel du 20 janvier 1886, signé à Paris, entre la Colombie et le Costa-Rica, a modifié du côté de l'Océan Pacifique, les droits de la Colombie.

Sur ce versant de l'Océan Pacifique, en effet, le Veragua comprenait, autrefois, on l'a vu, les territoires occupés par les tribus Cotos et Borucas. Les Borucas ou Bruncas, qui se trouvaient le plus au Nord-Ouest, campaient sur les deux rives du Rio Grande de Térraba, appelé vulgairement Rio Boruca. La Colombie avait donc entièrement le droit de possession sur les vallées arrosées par ce fleuve.

Mais le traité du 20 janvier 1886 a décidé que la frontière colombienne ne dépasserait pas, dans cette direction, l'embouchure du Rio Golfito dans le Golfo Dulce.

L'extrémité méridionale de la frontière entre la Colombie et le Costa-Rica a donc été fixée conventionnellement et nous acceptons, bien entendu, le Rio Golfito comme point de départ, au Sud, de la ligne séparatrice.

Pour le reste, nous avons déjà expliqué (Exposé Silvela, p. 63 et suivantes) que nous nous en rapportons à la Provision royale du 6 mai 1541, qui a fixé la limite entre les gouvernements de Veragua et de Nicaragua.

Le domaine du Nicaragua s'étendait seulement à l'Est, à une distance de quinze lieues comptées à partir du commencement du Desaguadero (canal d'écoulement du Lac de Nicaragua).

Ces quinze lieues, calculées à raison de 17 1/2 au degré, arrivent au confluent du Rio Sarapiqui et du Desaguadero.

C'est au point où se terminaient ces quinze lieues, c'est-à-dire à la rencontre de ces deux cours d'eau, que commençait le Gouvernement de Veragua.

C'est, par conséquent, à ce point que doit aboutir, au Nord, la ligne frontière entre le Veragua et le Costa-Rica, c'est-à-dire entre Colombie et Costa-Rica.

Nous avons ainsi, pour l'établissement de cette ligne frontière, deux points de repère fixes, celui du Sud déterminé conventionnellement par le traité de 1886, l'autre, celui du Nord, précisé par les anciennes décisions royales qui n'ont jamais été abrogées, et dont la force, au contraire, a été successivement rajeunie en 1563, 1568, 1680, 1739 et 1803.

Nous aboutissons, par suite, à tirer une ligne qui part de l'embouchure du Rio Golfito dans le Golfe Dulce ou de Osa, qui se dirige dans le sens Sud-Nord en traversant le Rio Coto et qui atteint le Rio Sigsaula.

A ce point la ligne prend la direction Sud-Est-Nord-Ouest, parallèlement à la côte jusqu'à l'intersection du Rio Sarapiqui et du Rio San-Juan ou Desaguadero.

Telles sont les conclusions de la Colombie. Elles s'appuient sur les actes législatifs les plus irréfragables de la Monarchie Espagnole, sur les traditions historiques, sur des titres qui n'ont jamais été périmés. Elles doivent donc être adjugées à la Colombie dans leur totalité.

Mais il nous reste à montrer qu'alors même que le tribunal arbitral croirait devoir, contre toute vraisemblance, restreindre ces conclusions sur certains points, il lui serait, dans tous les cas, impossible d'admettre les conclusions du Costa-Rica.

La Colombie ayant clairement justifié que sa limite territoriale s'étend du côté de l'Océan Atlantique jusqu'au Cap de Gracias-à-Dios inclusivement, et du côté du Pacifique jusqu'à l'embouchure du fleuve Golfito dans le Golfo Dulce, a, par voie de conséquence, démontré l'inanité des conclusions du Costa-Rica.

Il n'est cependant pas inutile de prouver, par quelques arguments complémentaires, que ces conclusions ne sont pas seulement démontrées par les pièces que nous avons produites et commentées, mais aussi par les aveux mêmes du Costa-Rica.

D'après l'article 2 de la convention additionnelle de Paris, du 20 janvier 1886, la limite que réclame la

République de Costa-Rica du côté de l'Atlantique s'étend jusqu'à l'Escudo de Veragua et le fleuve Chiriqui, inclusivement, et du côté du Pacifique jusqu'au fleuve Chiriqui-Viejo inclusivement, à l'Est de la Punta Burica.

Sur les cartes qu'il a dressées, et notamment sur celle qui a été imprimée à Madrid en 1892, M. Peralta figure la ligne frontière réclamée par un pointillé, accompagné d'une bande jaune sinueuse qui part, au Sud, de l'embouchure du Chiriqui-Viejo, remonte le cours de ce fleuve jusqu'au Cerro-Horqueta, redescend vers le Sud-Est, le long de la crête de la Cordillère jusqu'à la haute vallée de Guaymi, et, arrivée à la hauteur du Cerro-Santiago, reprend la direction Nord jusqu'à la côte et atteint cette dernière sensiblement sur le méridien de l'Escudo de Veragua.

Il serait difficile de tracer une démarcation plus fantaisiste.

La ligne jaune du Costa-Rica ne se justifie ni par l'état de fait, ni par l'état de droit.

Nous ne voulons, bien entendu, tirer aucun argument de l'état de fait, puisque c'est l'état de droit de 1810, l'*Uti possidetis de jure*, que nous invoquons.

Il est cependant utile que l'Arbitre soit renseigné sur la situation existante. La prétention du Costa-Rica aurait pour effet de modifier profondément cette situation et d'enlever à la Colombie des territoires qu'elle a toujours considérés comme lui appartenant et sur lesquels elle exerce, en fait, sa souveraineté.

Au moment du traité de San-José qui a posé, le 25 décembre 1880, le principe de l'arbitrage, comme au moment de la convention additionnelle de Paris, du 20 janvier 1886, comme au moment de la convention de

Bogota qui a, le 4 novembre 1896, fait la désignation définitive de l'Arbitre, la Colombie avait, comme elle l'avait auparavant et comme elle l'a conservée depuis, la possession réelle, effective de toute la côte, bien au delà de la Baie de l'Amiral.

C'est ainsi que, par dépêche en date du 7 mars 1889, le Ministre des Affaires étrangères de Colombie avait signalé au Ministre des Affaires étrangères de Costa-Rica, comme un empiétement sur la possession de la Colombie, le fait qu'un sieur Ildefonso Ulloa, agissant, disait-il, au nom et par mandat du gouvernement de Costa-Rica, s'était permis d'exercer des actes de justice à Sigsaula, en y évaluant et inventoriant des biens dépendant d'une succession.

Et le 8 avril 1889, le Ministre des Affaires étrangères de Costa-Rica avait répondu :

« Je suis reconnaissant à Votre Excellence des « termes courtois dans lesquels elle daigne me faire « savoir que son gouvernement est confiant dans « l'expérience qu'il a faite de l'équité dont s'inspirent « les actes de la République de Costa-Rica et il « peut avoir l'assurance que, *si ce fait est reconnu* « *exact, il sera qualifié et puni de la manière que* « *réclament la justice et l'amitié de nos deux pays.* »

L'année suivante, en 1890, le Ministre des Affaires étrangères de Colombie dut encore, par lettre du 22 novembre, dénoncer au Ministre des Affaires étrangères de Costa-Rica des actes récents qui paraissaient avoir été commis par des agents du gouvernement de Costa-Rica dans la région comprise à la droite de la rivière Sigsaula et qui constituaient, en conséquence, une violation du *statu quo* reconnu par le Costa-Rica,

Le 30 décembre 1890, le Ministre d'État du département des Affaires étrangères répondit :

« Le soussigné peut d'abord assurer Votre Excel-« lence que cette violation, dans le cas où elle aurait « eu lieu, n'a été autorisée d'aucune façon par le gou-« vernement de Costa-Rica et si, d'après les résultats « de l'enquête en cours, on reconnaissait le bien fondé « des renseignements reçus par Votre Excellence, *les « coupables de la violation du* **statu quo** *seront châtiés « comme il convient.* »

La réclamation de Costa-Rica est donc en absolue contradiction avec l'état de fait. Mais, une fois encore, cette constatation, qui n'était pas inutile pour éclairer la position de la question, n'a pas de valeur démonstrative dans la discussion, et nous n'y insistons pas.

Ce qui est plus grave, c'est qu'au Sud comme au Nord, la prétention du Costa-Rica se heurte à tous les documents juridiques du procès et aux déclarations mêmes de l'adversaire.

Nous avons suffisamment établi plus haut que, sur le versant du Pacifique, le droit territorial de la Colombie s'étend jusqu'à la région occupée par les Indiens Borucas ou Bruncas; que cette preuve résulte de l'aveu réitéré des anciens gouverneurs de Costa-Rica; et qu'au surplus, Don Juan-Francisco de Sosa, secrétaire d'État de la République fédérale de « Centro-América », dont dépendait le Costa-Rica, a déclaré, dans une note officielle datée de Guatemala, le 8 janvier 1827, que les limites de la République étaient le Rio Boruca.

Nous avons ajouté, toutefois, qu'aux termes du traité additionnel du 20 janvier 1880, la frontière de la

Colombie ne pouvait pas dépasser l'embouchure du Rio Golfilo dans le Golfo Dulce.

Mais il est impossible de comprendre comment, après avoir reconnu que le Rio Boruca était la limite de Panamá, du côté du Pacifique, le Costa-Rica peut essayer de pousser aujourd'hui sa frontière au delà et à l'Est de la *Punta Burica*, jusqu'à la rive droite du *Chiriqui Viejo*.

Comment concilier cette singulière prétention avec la sentence ou cédule royale du 21 avril 1529 que Costa-Rica même a produite comme preuve? Comment la concilier avec la lettre du Président de l'Audience de Panamá, de 1625, sur les réductions des Indiens Cotos et Borucas? Comment la concilier avec les six cédules royales de 1626, relatives aux Guaymies, Cotos et Borucas, qui appartenaient à la juridiction de Veragua? Avec la cédule royale datée de Madrid, le 13 juillet 1627, adressée aux Président et auditeurs de l'Audience de Panamá et relative à la catéchisation des Indiens Cotos et Borucas? Avec la cédule royale de 1643 adressée au gouverneur de la Province de Veragua, au sujet des appointements du curé missionnaire des Indiens des villages de Destepara, San-Pablo del Platanar, Cotos et Borucas du gouvernement de cette province? Avec la provision dictée d'ordre royal par D. Alvaro de Quiñones Osorio, capitaine général de Veragua en 1645? En un mot, avec tous les documents où il est parlé de la partie méridionale de la province de Veragua?

Voilà pour le Sud. Mais, si nous suivons vers le Nord la ligne jaune tracée par M. Peralta, nous voyons que, dans la concavité qu'elle dessine de l'Ouest au Sud-Est, elle embrasse tous les territoires environnant la Baie de l'Amiral et notamment tous ceux où M. Peralta place lui-même les Changuenes, les Doraces, les Guaymies. Et aussitôt on est amené à se demander comment, du côté Nord, le Costa-Rica peut concilier sa prétendue revendication avec une multitude de documents que nous avons déjà cités et que nous tenons à rappeler, en partie brièvement.

1622. — Témoignage de la fondation d'un village de Guaymies faite par le gouverneur de Veragua, Alonso Coronado.

1623-24. — Lettres de Lorenzo del Salto, gouverneur de la Province de Veragua, sur les réductions des Indiens Guaymies.

1626. — Cédules royales prouvant que ces mêmes tribus appartenaient à Veragua.

1628. — Cédule royale à l'Audience de Panamá rappelant une cédule royale du 14 août 1620 sur la pacification des Guaymies, qui appartenaient à Veragua.

1611 à 1628. — Pétitions et requêtes sur les titres concédés au gouverneur de Veragua à l'occasion de la conquête du Duy, commencée en 1619.

1628. — Cédule royale au Président de Panamá sur les Guaymies.

1629. — Lettres de Monroy, gouverneur de Panamá, sur la réduction des Guaymies et la conquête du Duy.

1645. — Mémoire de Fray Adrian de Santo-Tomas, de l'ordre des Prédicateurs, où il mentionne ses services depuis l'année 1622 et où il rappelle que, pendant vingt-trois ans, il a évangélisé les Indiens de la province du Guaymi dans la juridiction de Veragua.

1707. — Cédule royale aux Président et Auditeurs

de Panamá afin qu'ils informent sur la pacification et la conquête des Indiens Guaymies.

1714-1717. — Cédules royales sur le même sujet.

1736. — Lettre du gouverneur de Terre-Ferme dans laquelle il explique que ceux des Indiens Guaymies, Doraces et autres qui occupent les plages de la Mer du Nord, depuis l'Escudo de Veragua jusqu'à la province de Costa-Rica, ont dû se retirer sur les versants opposés des montagnes, poursuivis par les Mosquitos.

1747. — Lettre de D. Alonso Fernandez de Heredia, d'où il appert que les Guaymies et les Terrabas étaient sous la juridiction de Panamá.

1755. — Rapport fait par le gouverneur de Panamá au Vice-Roi de Santa-Fé sur les lieux habités de son gouvernement et notamment sur un village d'Indiens Guaymies.

1770. — Consultation du Conseil des Indes du 10 mai, sur la rétribution des missionnaires qui ont évangélisé, dans la juridiction de Panamá, sous le gouvernement de Veragua, les quatre nations appelées Changuenes, Doraces, Dolegas et Guaymies. Le 8 juillet de la même année 1770, le Souverain Espagnol édicte une cédule royale où il déclare que les « *Changuenes, Doraces, Dolegas et Guaymies habitent dans la juridiction de Panamá*, **sous le gouvernement de Santiago de Veragua** ».

1774. — 21 décembre. Cédule royale adressée au Vice-Roi de Santa-Fé sur l'établissement d'un village d'Indiens Changuenes au Veragua.

Le Représentant de Costa-Rica s'est donc chargé d'établir lui-même, par la carte qu'il a dressée, le mal fondé de ses prétentions.

Mais il y a plus, et dans l'exposé, d'ailleurs fort

intéressant, qu'il a présenté à l'Arbitre, des revendications territoriales de la République de Costa-Rica, M. Peralta a soutenu une thèse incompatible avec les conclusions qu'il a posées.

Cette thèse consiste essentiellement, comme nous l'avons vu, à soutenir que le Duché de Veragua a été taillé, en 1537, dans la Province de Veragua; que le reste de la Province demeuré domaine royal est devenu, en 1540, province de Cartago ou de Costa-Rica, et qu'à partir de la création de l'Audience de Guatemala, la province que Costa-Rica appelle Veragua royal, qu'il identifie avec Cartago ou Costa-Rica, est restée à jamais unie à cette Audience de Guatemala. Nous avons montré l'erreur sur laquelle repose ce système. Mais il est à noter que, pour le défendre, le Costa-Rica est forcé de dire que ce qu'il dénomme Veragua royal est devenu terre de Guatemala, pendant que l'ancien Duché restait terre de Panamá. De toute l'argumentation de Costa-Rica découle donc cette conséquence que le Costa-Rica est contraint, sous peine d'illogisme, de reconnaître à la Colombie un droit sur la totalité de l'ancien Duché de Veragua.

Cette reconnaissance est explicitement consignée, à plusieurs reprises, dans l'exposé de Costa-Rica.

M. Peralta a, en effet, déclaré qu'en 1559 le Duché de Veragua avait été converti en province royale sous la juridiction de l'Audience de Panamá (p. 56, nº 62), que la capitulation de Articda (1573) n'avait pas touché à l'ancien Duché de Veragua (p. 91 et suivantes) et qu'enfin la Cédule royale du 20 avril 1739, réorganisant la Vice-Royauté de Santa-Fé, avait conservé les frontières du siècle précédent et maintenu le Duché de Veragua dans la Vice-Royauté (p. 168, nº 154).

Nous avons prouvé que ce que le Costa-Rica dit de l'ancien Duché, il faut le dire, au même titre, de toute l'ancienne Province de Veragua.

Mais ne retenons, pour l'instant, que l'aveu formel de l'adversaire à l'endroit du Duché.

La capitulation de Artieda, elle-même, dont le Costa-Rica fait si grand état et dont il tire des conséquences si peu juridiques, la capitulation de Artieda, que la partie adverse décore solennellement du nom de *Real Cedula du Pardo*, et qui est, en définitive, le centre de l'argumentation du Costa-Rica, n'a jamais dépouillé, même en fait, même momentanément, l'Audience de Panamá de la possession de l'ancien Duché de Veragua.

Il faut donc que, de toutes façons, le Costa-Rica prenne son parti de laisser à la Colombie ce que lui-même lui accorde, par la logique de son propre système.

Aussi bien, sur la carte de M. Peralta, apparait-il que la ligne jaune est de pure fantaisie, puisqu'elle dépasse de beaucoup vers l'Est les limites attribuées au Duché par M. Peralta lui-même.

Mais le Costa-Rica s'est facilement aperçu que sa thèse le condamnait inévitablement à abandonner, au moins, à la Colombie, la totalité du Duché; et pénétré de cette conviction, il s'est arrangé pour donner au Duché des limites factices, aussi étroites et aussi reculées vers l'Est qu'il était possible.

C'est à obtenir ce résultat que s'est employée toute l'ingéniosité du Costa-Rica.

La partie adverse s'est dit : « Nous avons un système qui consiste à soutenir que chaque fois que le nom de Veragua est prononcé dans les documents postérieurs à 1540, il ne s'applique pas à toute l'ancienne Province de Veragua, mais seulement à l'ancien Duché, et que seul l'ancien Duché a suivi le sort de l'Audience de Panamá et de la Vice-Royauté de la Nouvelle-Grenade. Nous avons fait ainsi la part du feu. Mais, puisque nous sommes forcés de reconnaître à la Colombie l'ancien Duché, arrangeons-nous, du moins, pour le rétrécir et le réduire à sa plus simple expression. »

Pour remplir ce dessein, le Costa-Rica a reculé le plus possible vers l'Est le point de départ des vingt-cinq lieues dont il était question dans l'acte fondamental, et il a même tenté de compter ces vingt-cinq lieues, à raison de 20 au degré, au lieu de 17 1/2.

Il est à peine besoin de remarquer d'abord que la lieue qu'il faut considérer est celle qui servait de mesure au moment où a été constitué le Duché. Or l'ancienne lieue marine espagnole était de 17 1/2 au degré et non de 20 : c'est évidemment celle qui a été adoptée comme unité de mesure dans les Cédules royales du 2 mars 1537 et du 5 septembre 1539.

Mais il faut ajouter que rien n'autorise le Costa-Rica à placer le point de départ du calcul de ces vingt-cinq lieues à l'Est, au point qu'il a arbitrairement choisi sur sa carte et où M. Peralta trace le Rio Belén (80° 51' longitude O. de Greenwich).

Que disent les cédules royales du 19 janvier et du 2 mars 1537 ? « Un carré de vingt-cinq lieues de chaque côté dans la Province de Veragua à commencer du Rio Belén inclusivement, en les comptant sur un parallèle *jusqu'à la partie occidentale de la Baie de Zoboraro ;* **toutes les lieues qui manquent** (et non qui manqueraient, comme a traduit Costa-Rica) *pour* *compléter les vingt-cinq lieues susmentionnées devront être comptées* **au delà de ladite baie, sur le même parallèle.** *A l'endroit où finiraient ces vingt-cinq lieues, doivent commencer vingt-cinq autres lieues sur un méridien Nord-Sud et autant d'autres à partir du Rio Belén, sur le même méridien de ce fleuve dans la direction Nord-Sud. Là où se termineraient ces vingt-cinq lieues devront commencer vingt-cinq autres lieues sur un parallèle jusqu'à l'endroit où finiraient les vingt-cinq lieues comptées d'au delà de la Baie de Zorobaro.* »

L'impression dominante qui se dégage de ce texte, c'est que les vingt-cinq lieues s'étendaient au delà de la Baie de Zorobaro.

Il plaît à Costa-Rica de chercher à identifier entièrement la Baie de l'Amiral, les bouches du Drago et la Lagune de Chiriqui, sur la foi d'une Cédule royale dont on force le sens pour les besoins de la cause (p. 101, n. 97). Mais du moins est-il indiscutable que la Baie de Zorobaro est, dans la Cédule de 1537, synonyme de la Baie de l'Amiral et qu'elle s'étend à l'Ouest au delà de l'île de Zorobaro, de Colon ou de Tojar. La Cédule royale de 1537 indique donc bien que les vingt-cinq lieues devaient dépasser l'extrémité occidentale de la baie.

La cédule n'indique pas, en revanche, où elle fixe le Rio Belén. Il ne faut pas oublier qu'au commencement du seizième siècle, la Royauté espagnole ne disposait encore, sur ces pays nouvellement découverts, que de renseignements fort incomplets. Le relevé des latitudes et des longitudes était forcément très sommaire et souvent très inexact, et la cartographie, assez primitive, laissait, dans ces régions, une large part à l'inconnu.

C'est cependant sur les documents qui étaient ou pouvaient être alors entre les mains du Roi, qu'il faut rechercher le mode de calcul adopté.

Or, sur la carte de Diego Ribero, cosmographe du Roi, dont un exemplaire a été remis à l'Arbitre, le Rio Belén, au lieu d'être situé comme le veut M. Peralta, débouche à l'Est de la Baie de l'Amiral, ce qui reporte l'extrémité occidentale du Duché à 85° 31' 30" Ouest de Paris, ou 83° 11' 17" Ouest de Greenwich.

Cette position du Rio Belén est la seule qui s'accorde avec la cartographie de l'époque. C'est la seule aussi qui explique, dans la Cédule de 1537, les mots « au delà de la Baie de Zorobaro ».

On se rappelle que la Cédule royale de Charles-Quint, datée de Madrid le 5 septembre 1539, porte également que le Duché s'étendait au delà de la Baie de Zorobaro, ou de l'Amiral, vers l'Occident.

Et enfin, dans la capitulation de Diego Gutiérrez, de 1540, il est encore dit que les vingt-cinq lieues « commencent à partir du Rio Belén inclusivement, en comptant sur un parallèle jusqu'à la partie occidentale de la Baie de Zorobaro ».

Et comme on savait bien que le rivage de ladite baie ne suffisait pas, on ajoute : « celles qui manquent, pour compléter lesdites vingt-cinq lieues, *se compteront au delà de ladite baie, sur le même parallèle.* »

Vainement alléguerait-on que, d'après les cartes présentées par le Costa-Rica, le parallèle partant du Rio Belen (soit que le Rio Belén doive être placé plus à l'Est, soit qu'il doive être considéré dans l'intérieur de la Lagune de Chiriqui) semble passer dans les terres du littoral et exclure par conséquent du Duché les contours mêmes de la baie.

M. Silvela a déjà indiqué qu'il pouvait y avoir dans les cartes quelque trompe-l'œil et qu'une visite des lieux serait indispensable pour permettre un relevé exact et scientifique de la côte. Nous insistons encore pour que cette visite soit faite.

Mais nous devons, dès maintenant, noter que, sur les cartes de l'époque, l'orientation de la côte, au lieu d'être accentuée comme sur les cartes de Costa-Rica, de Sud-Est au Nord-Ouest, était beaucoup moins infléchie, beaucoup plus horizontale, beaucoup plus dirigée dans le sens latitudinaire, de l'Est à l'Ouest.

C'est avec ces indications qu'avaient été tracées, tout d'abord, les vingt-cinq lieues; et la Cédule royale du 2 mars 1537 ne laisse, à cet égard, aucun doute.

En effet, après avoir délimité le Duché, comme nous l'avons rappelé plus haut, cette Cédule ajoute : « **Cette terre, nous l'avons fait nommer la Baie de Zorobaro et d'icelle nous lui avons fait délivrer** (à Don Luis Colon) **le titre de Duc.** »

Nous extrayons ce passage de la traduction même de Costa-Rica (*Exposé de Costa-Rica*, *Appendice*, p. 306).

Ces deux lignes tranchent la question ; elles prouvent clairement que la Baie de Zorobaro tout entière fut englobée dans le Duché de Veragua. Elles dispensent de prolonger la discussion sur l'emplacement exact du Rio Belén.

Il n'est pas cependant mauvais de dire que la partie adverse a, elle-même, établi que le Rio Belén se trouvait à l'Occident du Rio de Veragua et non à l'Est, comme le porte M. Peralta sur sa carte. Voici en effet ce que dit Costa-Rica dans son exposé, p. 3 : « Ne « croyant pas trouver de l'or au delà, il (Colomb)

« retourna du côté de Veragua (c'est-à-dire d'Orient « à Occident) et arriva jusqu'au fleuve de ce nom; « mais celui-ci n'était pas accessible à ses navires, il « quitta l'endroit et réussit à les faire entrer dans un « fleuve voisin appelé *Yebra* qu'il nomma **Belén,** *dans « la même terre de Veragua.* » Ce passage est tiré de l'itinéraire de Diego de Porras, qui accompagna Colomb en qualité de chroniqueur. De cet itinéraire, M. Peralta n'a reproduit qu'une partie seulement aux pages 2 - 6 de son troisième volume : *Limites de Costa-Rica y Colombia.* Nous en donnons une traduction complète dans les *Documents de la Colombie.* On pourra y voir que Colomb, en revenant du Port du Retrete dans la direction Est-Ouest, arriva au Rio de Veragua, « où il n'y eut pas d'entrée pour ses navires », et, continuant sa route vers l'Occident, il trouva le fleuve qu'il appela Belén. Il est évident que ce fleuve était situé à l'Ouest du Veragua. Nous sommes autorisés à répéter que la véritable position du Rio Belén se trouve sur la carte de Diego Ribero.

La confusion commise par l'adversaire entre le Belén et une autre rivière a son explication à la page 726 de *Costa-Rica, Nicaragua y Panamá*, où M. Peralta dit : « Felipe Gutiérrez dans le Veragua. Dans les « registres des cédules royales adressées à la Casa de « contratación de Séville (année 1535. — Indifférent « général), il est constaté que Felipe Gutiérrez, fils du « trésorier Alonso Gutiérrez, s'embarqua à San-Lucar « de Barrameda pour l'Ile Espagnole, en juillet 1535. « Il partait comme capitaine de la flotte, et le prêtre « Juan de Sosa, comme second en autorité, parce « qu'il avait été le promoteur de l'expédition, à laquelle « il avait fourni des moyens suffisants. En septembre

« de la même année, il quitta Santo-Domingo sur trois
« navires, l'un du gouverneur, l'autre de Juan de Sosa,
« et une galère emmenant ensemble, comme équipage
« quatre cents hommes. Le pilote était Liaño.

« Ils arrivèrent à la Punta Caxinas (Cap de Hon-
« duras) et de là prirent le rumb au Sud-Est. Le navire
« du gouverneur aborda le premier à l'île de l'Escudo ;
« puis le galion et enfin le navire de Juan de Sosa.
« De l'Escudo, ils se dirigèrent aux îles de Zorobaro,
« mais ne les reconnurent pas, et de là ils revinrent
« vers l'Est, allant si loin de Veragua qu'ils laissèrent
« derrière eux le Nombre de Dios, à l'Est du Rio Cha-
« gres. Le pilote reconnut, enfin, son erreur, et ils
« dirigèrent à nouveau leur rumb à l'Ouest. Gutiérrez
« débarqua, dit Oviedo, à côté d'une grande rivière
« où ils firent un village, rivière que quelques-uns de
« ceux qui s'y trouvèrent dirent être la rivière que l'on
« nomme Belén, et d'autres dirent que c'en est une
« autre que celle-là, plus à l'Occident (Rio de Veragua
« Viejo ou celui de la Concepción) : c'est là que
« Gutiérrez fonda la cité de La Concepción. »

Voilà donc l'origine de l'erreur commise. Elle est dans la confusion dont parle Oviedo, confusion certaine, car le fleuve appelé Belén par Colomb devait avoir une profondeur suffisante pour permettre d'y introduire les quatre navires qu'amenait l'Amiral, dans son quatrième et dernier voyage. Cette condition, et d'autres que nous expliquerons, au besoin, dans les plaidoiries verbales, ne se rencontrent pas dans le Rio Belén de la carte de M. Peralta.

Mais nous répétons que le texte de la Cédule royale de 1537 qui enveloppe dans le Duché toute la Baie de

Zorobaro, enlève, à ce débat géographique rétrospectif, tout intérêt pratique.

Les limites primitivement fixées au Duché de Veragua n'ont jamais été retrécies par aucun acte royal. Le Duché de Veragua a été, comme nous l'avons expliqué, rattaché à la terre de Natá, pendant que la Province de Veragua demeurait, elle aussi, sous la domination de l'Audience de Panamá, puis de la Vice-Royauté de Santa-Fé. Jamais une parcelle du Duché (ni de la Province, mais nous ne voulons, en ce moment, parler que du Duché) n'a été cédée à Guatemala.

Il importe peu que, le 6 mars 1564 « le très magnifique « seigneur Juan Vazquez de Coronado, grand juge et « capitaine général de la province de Nueva-Cartago « et Costa-Rica, se soit présenté au village et palenque « de Quequexque devant son propre greffier pour lui « dire : « Au nom de Sa Majesté je prends possession « du village et palenque de Quequexque et Taranca « qui sont ensemble et sur la Mer du Nord, contrée des « îles de Zorobaro, vers Nombre de Dios », et qu'armé « d'un espadon, il ait coupé des branches en signe de « possession. » (*Exposé de Costa-Rica. Appendice*, p. 325.)

Nous retrouvons là un des exemples si fréquents de rivalité conquérante entre les gouverneurs voisins. Mais les cédules de 1537 et de 1539 restent intactes et intangibles, quoi que fassent ou que disent les gouverneurs.

Il est facile, du reste, de constater qu'en fait, l'Audience de Panamá et la Vice-Royauté de la Nouvelle-Grenade ont toujours considéré la Baie de l'Amiral tout entière comme dépendant de leur autorité.

Tous les documents que nous avons cités sur les Guaymies, les Doraces et les Changuenes sont déjà très probants à cet effet. Rappelons, en outre, l'ordre royal, daté de Madrid, le 23 octobre 1671, où il est dit : « Ayant vu les plans inclus que le Conseil des « Indes a mis entre nos mains des côtes de Panamá « jusqu'à Las Bocas del Toro, etc. » De même, les cédules royales de 1680 relatives aux Indiens barbares de Veragua qui confinaient avec ceux de Talamanca « qui étaient à 90 lieues de distance ». De même, la lettre du gouverneur de Terre-Ferme de 1736 dont nous parlions tout à l'heure. De même, en 1757, la lettre du gouverneur de Panamá, D. Manuel Montiano, au sujet des invasions des Indiens Mosquitos sur le territoire de Veragua et de la nécessité d'établir des postes de bateaux armés en guerre, depuis Matina jusqu'à l'Escudo de Veragua, pour les chasser. Cette lettre est envoyée par le Vice-Roi, à Madrid, et les archives contiennent la minute de l'ordre royal dans lequel on promet un envoi d'armes. Il est à noter que, dans cette lettre, l'Escudo de Veragua, au lieu d'être, comme le voudrait le Costa-Rica, l'extrémité occidentale du Veragua et de la Colombie, apparaît au contraire comme extrémité orientale de la côte de Veragua à mettre en défense.

Et ce n'est pas tout. Nous pouvons rappeler encore les documents suivants :

1788. — Lettre du Vice-Roi de Santa-Fé, par laquelle il fait part au Souverain des nouvelles mesures prises au sujet de la côte des Mosquitos. Il l'avise de l'arrivée du soi-disant « Roi » accompagné de son fils et de quatre Indiens, qui venaient faire leur soumission et demander qu'on leur envoyât des religieux missionnaires.

1788. — Cédule royale à l'Archevêque Vice-Roi de Santa-Fé, par laquelle on approuve tout ce qu'il a fait et où on lui ordonne de laisser à son successeur les instructions nécessaires pour la soumission de toute la côte des Mosquitos jusqu'au Cap de Gracias-á-Dios.

1791. — Ordre royal concernant ce qui s'est passé à la côte des Mosquitos et enjoignant au Vice-Roi de faire payer, par les caisses de Carthagène, ce qui était dû au colonel Hodgson pour ses services à la côte des Mosquitos.

Au xviiie siècle donc, comme au xviie, comme au xvie, la Baie de l'Amiral, avec ses îles, dépendait de Veragua, et avec Veragua, soit de l'Audience de Panamá, soit de la Vice-Royauté de Santa-Fé.

Tous les efforts du Costa-Rica pour imposer, aujourd'hui, à l'ancien Duché des limites arbitrairement déterminées, sont donc vains et stériles.

Le Duché de Veragua s'étendait, depuis 1537, à l'Ouest et au delà de la Baie de Zorobáro ; il a continué à s'étendre au delà lorsqu'il a été incorporé à la terre de Natá et est redevenu domaine royal. Il n'a jamais cessé, depuis lors, de s'étendre au delà.

Par conséquent, le système qu'a adopté le Costa-Rica, en disant que le Duché était allé à Panamá, pendant que le reste de la Province allait à Guatemala, ce système conduit fatalement le Costa-Rica à renoncer à toute prétention sur la Baie de Zorobaro et à respecter au moins le *statu quo* actuel.

Mais nous avons établi, en outre, qu'il n'était pas vrai que seul le Duché de Veragua fût resté sous la domination de l'Audience de Panamá, et que, tout au contraire, l'ancienne Province de Veragua, tout entière, avec ses limites initiales, était restée définitivement incorporée à cette Audience.

En même temps qu'il fixait les limites du Duché en 1537, Charles-Quint assignait comme point extrême de la province de Veragua, au Nord-Ouest, le Cap de Gracias-à-Dios, et il ordonnait que toute la terre de Veragua, sauf les vingt-cinq lieues du Duché, demeurât exclusivement soumise à la juridiction de Terre-Ferme.

En 1680, les Lois des Indes, visant expressément cette cédule de 1537, répètent : « *Que toute la Pro- « vince de Veragua soit du gouvernement de Terre- « Ferme.* »

Et ce grand monument législatif abroge toutes les dispositions antérieures qui auraient pu être contraires.

Pendant tout le dix-huitième siècle, nous l'avons vu, la côte des Mosquitos reste sous l'autorité de la Vice-Royauté de Santa-Fé.

En 1803, un ordre royal intervient encore, non pour modifier, mais pour confirmer de nouveau l'état légal préexistant.

Ainsi, à travers les siècles, s'étend une chaîne indissoluble de faits et de documents qui attache à jamais la Province de Veragua, jusqu'au Cap de Gracias-à-Dios, à la République de Colombie.

Sans doute, l'article 3 de la Convention additionnelle de Paris, du 20 janvier 1886, porte que « la sentence arbitrale devra se circonscrire au territoire en dispute, situé entre les limites extrêmes déjà signalées et ne pourra affecter, en aucune sorte, les droits qu'un tiers, qui n'est pas intéressé dans l'Arbitrage, pourrait alléguer sur la propriété du territoire compris entre les limites indiquées ». La Colombie ne peut donc réclamer aujourd'hui devant l'arbitre la partie de cette côte située entre le Rio San-Juan et le Cap de Gracias-à-Dios, puisque cette étendue de littoral n'est pas, en fait, détenue par le Costa-Rica. Mais, du moins, peut-elle, en faisant des réserves pour le surplus, revendiquer, d'ores et déjà, la partie de côte qui s'étend jusqu'au Rio San-Juan.

Elle ne fait, en cela, que réclamer l'application du principe de l'*Uti possidetis*. Nous avons expliqué déjà que le Costa-Rica et la Colombie étaient aujourd'hui d'accord pour interpréter ce principe dans le sens de la possession légitime et non précaire.

Nous avons dit aussi qu'à notre avis, la date à laquelle devait être appliquée cette règle était celle de 1810. Si l'on veut bien consulter le protocole des conférences qui ont eu lieu entre les Plénipotentiaires de Colombie et de Costa-Rica à San-José, en novembre et décembre 1880, en vue de la rédaction du traité de San-José, dont l'article premier reste en vigueur dans l'arbitrage actuel, on verra que le Costa-Rica, qui, à cette époque, discutait le sens juridique du mot *Uti possidetis*, ne songeait, pas en revanche, à contester et même admettait expressément la date de 1810.

C'est donc, de l'aveu même du Costa-Rica, cette année 1810 qui doit être la date regulatrice. Rien, en fait, ne serait changé par la date de 1825. Mais c'est avec raison que, dans ces protocoles de 1880, le Représentant du Costa-Rica disait, comme nous l'avons déjà vu : « Le gouvernement du Costa-Rica a toujours « entendu et entend aujourd'hui que les articles 5 et 7 « du traité du 15 mars 1825 entre la Colombie et le

« Centre-Amérique n'eurent jamais d'autre objet que « de garantir aux deux nations leurs limites respectives « telles qu'elles se trouvaient au moment de com-« mencer la guerre d'indépendance ou, ce qui est la « même chose, conformes à l'*Uti possidetis* de 1810. »

Donc, ce qu'il s'agit de déterminer, ce sont bien les limites respectives des deux États telles qu'elles existaient légalement en 1810.

Nous avons montré que ces limites n'étaient autres que celles dont la Colombie réclame aujourd'hui la consécration par sentence arbitrale.

La Colombie persiste, avec une pleine confiance, dans les conclusions qu'elle a soumises à l'Arbitre et dont elle a établi, au double point de vue historique et juridique, l'inébranlable solidité.

R. POINCARÉ.

Avocat à la Cour d'Appel de Paris.

Paris, 8 Septembre 1899.

15507. — Lib.-Imp. réunies, MOTTEROZ, Dr. rue Saint-Benoit, 7, Paris.

www.ingramcontent.com/pod-product-compliance
Lightning Source LLC
LaVergne TN
LVHW020337230826
846091LV00003B/913

9782016130827